高校教师教学能力提升策略研究

李赞鹏　张　靖　著

吉林出版集团股份有限公司
全国百佳图书出版单位

图书在版编目（CIP）数据

高校教师教学能力提升策略研究 / 李赞鹏，张靖著
. -- 长春 :吉林出版集团股份有限公司，2023.7
ISBN 978-7-5731-3976-4

Ⅰ. ①高… Ⅱ. ①李… ②张… Ⅲ. ①高等学校－教师－教学能力－研究 Ⅳ. ①G645.12

中国国家版本馆CIP数据核字（2023）第140800号

高校教师教学能力提升策略研究

GAOXIAO JIAOSHI JIAOXUE NENGLI TISHENG CELÜE YANJIU

著　　者　李赞鹏　张　靖
出 版 人　吴　强
责任编辑　孙　璐
装帧设计　墨创文化
开　　本　787 mm × 1092 mm　1/16
印　　张　8.5
字　　数　200千字
版　　次　2023年7月第1版
印　　次　2023年7月第1次印刷

出　　版　吉林出版集团股份有限公司
发　　行　吉林音像出版社有限责任公司
（吉林省长春市南关区福祉大路5788号）
电　　话　0431-81629679
印　　刷　吉林省信诚印刷有限公司

ISBN 978-7-5731-3976-4　　定　　价　55.00元

前　言

教育强国是国家战略体系的重要组成部分，高质量的教师队伍是教育强国的基本保障和重要实践路径。要提高教师教育教学质量，就需要更高水平的“教师教育者”来培养“未来教师”。高校作为我国培养人才的重要场所，其教学质量决定了其人才培养的质量。目前，我国高等教育已进入普及化发展新阶段，教育规模扩大也让教师数量“捉襟见肘”，促使各高校不断引进新教师以保障教学工作的正常开展，新进教师是教师队伍的后备力量，是未来教师队伍的主力军，对教育的发展起着至关重要的作用，然而，缺少教学实践、缺乏教育专业背景等原因致使新教师教学能力堪忧，教师是教育发展的第一资源，教师的教学能力影响着人才培养质量，为了改变高等教育大而不强的现状，迫切需要培养高校教师的教学能力。

而在影响教学质量的众多因素中，教师的教学能力是一项重要因素。作为我国高校教师队伍重要组成部分的青年教师，其教学能力水平将直接影响我国的人才培养质量。如何提高高校教师的教学能力，是高校要做的一项重要工作。

本书以高校教师教学能力提升为研究对象，主要分为五个章节。第一章介绍了高校教师教学能力的理论依据与基本内涵、历史发展等；第二章在新时代信息化的基础上，拓展了高校教师教学能力的培养与 TPACK 理论结合运用的方向；第三章着重探索了高校教师的组织认同与激励机制；第四章为高校教师教学模式再探讨；第五章为基于高校教师教学能力提升的这个基础上高校教师发展中的建设。

著　者

目　录

第一章　高校教师教学能力概述

第一节　高校教师教学能力的理论依据

一、教师专业能力发展理论

20世纪80年代以来，随着我国对教师教育与教师职业发展的高度重视，对教师职业发展的问题研究逐渐成为了教师教学培养的核心研究课题。进入21世纪，我国更加高度注重教师的专业发展，国家发展改革委、财政部有关关于深化开展教师教育制度改革的相关指导性实施意见及其他一系列相关政策性支持文件，都充分反映了当前我国开展教师教育改革的总体思路和发展方向。关注教师专业发展、探索教师专业发展路径，已成为当前研究的热点。对于教师的专业发展，国内外学者主要从三种角度来理解：一是主要指教师的专业成长；二是将其理解为促进教师专业发展的过程；三是认为它是教师专业结构不断地更新、演化与丰富的过程。

（一）从教师个体的专业发展视角来理解教师专业发展

专家学者认为当我们要了解教师时，必须考虑的首要因素是，教师是一个人。还有学者指出，教师发展是指所有在职教师都可以通过理论学习和各种方式实践，在各个方面不断提高和完善自己。

（二）从教师群体的职业专业化发展的角度理解教师专业发展

将课堂教学作为一种专业，将教师视为专门技术人员，体现了教师具有较高的社会地位、职业声誉和专业水平。教师的专业发展是指一名教师从事专业性工作过程中的一种专业性进步，其中包括他们自信心的加强、技巧的提升、对所掌握学科知识的扩充、对于自己课堂上做事情的原因认识等。就其积极意义而言，教师专业发展包含着更多的含义：教师教学不仅是技术性的，而且是艺术性的；教师需要把自己的职业提升到专业，把专业知识转化为专业权威。教师专业成长涉及教师专业知识、专业技能、专业情感和专业理想的全面发展和提高。一些专家认为，教师的专业发展是“教师以职业意识为动力，教师以职业指导学生为主要辅助手段，教师以职业知识、能力、素质和信念体系不断完善的一个动态发展过程”。他们从教师职业发展的角度，将教师专业发展定义为由一个专业新手教师进入职场并成长为一名专业教师的整个过程。强调教师发展工作应该要通过一个专业化的教师发展和组织，增强教师自身的专业知识和技术，增强自身的专业能力，增强自身的职业道德，从而实现从不成熟发展到相对成熟发展的转变。

（三）从发展过程和内容的视角来理解教师专业发展

国外专家认为教师的专业发展不仅在意义上是指学校教师通过其在职的教育或培训所获得的具体方面的进步和提高，而且在意义上也是指学校教师对目标意识、教学技巧和与同事的合作能力等各个方面整体的进步；认为教师属于成年人，所以教师的发展更加关注专业方面的发展。而且对于专业发展的概念也将教师视为反思实践者，是一个具备了能够不断地反思并重新判断自身的价值、协调和处理他人实际交往关系的具备隐性知识技能基础的人。我国著名学者把现代教师专业发展理解为教师内部专业结构的不断更新、演变和丰富的专业成长的过程。根据教师的专业组织结构，教师从事专业发展的能力可分为专业发展所需的各种概念、知识、技能、专业态度和动机以及自我意识。根据不同类型教师的专业结构和发展过程，教师专业发展水平也不相同。因此，教师的专业发展包括两个重要的方面：一个是教师在课堂上应当高度地关注其复杂化的教学过程，主要是研究具体教学手段、课程改革的开展、教师如何掌握教学以及如何从课堂上获得所需的知识等；二是直接影响到教师的教学效果与其学习动机的社会条件与组织保障等。

二、建构主义学习理论

建构主义理论的内容十分丰富，其最核心的思想可以总结如下：把学生作为教学的中心，强调了学生对于知识的积极性探索和创新发现，以及学生对于知识本身含义的积极建构。建构主义的学习观认为，学习的整个过程与每一个人的认识发展及学习情景密切联系。它着重地强调了学习应该由每位学习者自己决定，学习应该是主动的、情境性的、社会性的和建设性的。课堂教学要在师生的共同合作和参与下进行。这一过程中，学生和教师都是课堂活动的参与者和主体。

（一）建构主义的学习观

建构主义提出了这样一个观点：学习不是通过教师的指导和教学直接获得的，而是在他人的支持和帮助下，以及使用必要的学习材料而获得的一种具有特定意义的建构性知识。我们在学习时，当一些信息直接进入人脑中时，人脑也不是一个被动的方式来接受或者记录其所输入的信息。它将根据所有输入信息进行筛选，主动地选择一部分信息并从中推断。基于此，学习实际上是学习者根据现有的知识和经验背景主动地学习的过程。另外，学习取决于学习者原有的认知结构，在我们的日常生活中，学习者所具备的大量经验尤其重要，这些经验是未来学习的基础和前提，学生在真实、可靠、具体的教学情境中学习，更好地运用知识、更全面地理解知识。

（二）建构主义的知识观

根据建构主义的知识建构理论，知识是由知识学习者主动建构的，而不是静态的。其内涵随着文化背景的变化而不同。知识是个体在不同的环境和不同的背景中，根据不同的经验学习到的。此外，不同的专业学习者对于知识点也有不同的认识和理解，因为对于知识点的建构主要是在对学习者已有信息和实践经验基础上开展进行的。每个人都有不同的社会文化、知识、经验背景，即使是同一件事，他们也会有不同的理解。在课堂教学中，教师要充分了解每个学生对于知识的不同认识，及时引导和沟通，使学生在尊重他人观点的同时，以自我批评的态度，从不同的角度构建和发展自己的观点。教师在指导学生完成特定的课堂教学任务时，应根据其所要求和学习的特点、学生已经具备的知识实践经验和当时的文化背景，设计适当的课堂教学环境，从而更加方便地指导学生自主完成所要求的学习任务，更有效地进行知识的学习。

（三）建构主义的学生观

建构主义的学生观强调学生原有的认知体验，学生通过原有体验不断地吸收和适应新知识。当学生使用原有的经验不能吸收新的知识时，将通过调整和完善现有的认知图式，完成知识的学习，从而扩大了对知识理解的深度和广度。实际上，这一过程就是破坏学生的原有认知平衡，建立新的平衡的过程。建构主义的学生观还强调学生内在心理认识建构的积极性和主动性，反对传统课堂教学过程中学生对于知识的机械记忆，注重学生对于知识的正确理解与积极探索。

（四）建构主义的教师观

建构主义把教师看成是学生学习的帮助者与引导者。在教学活动中，教师要为学生创设良好的、具有一定挑战性的、真实的问题情境，鼓励并协助学生在情境中通过独立探究、讨论、合作等方式开展学习；在学生学习过程中，教师应当激发学生的学习兴趣，引发和保持学生的学习动机，并为学生的学习提供脚手架。此外，教师还要帮助学生形成思考和分析问题的思路，引导对自己的学习进行反思，逐渐让学生对自己的学习能自我管理、自我负责；同时要组织学生与不同领域的专家或实际工作者进行广泛的交流，为学生的探索提供有力的社会性支持。

就目前来说，基础教育课程改革正在全面推进。建构主义教育提倡的新教学理念、新教学课程下的教学观、新教师观和学生自主主动学习、探索方式学习、协同合作学习、共享资源学习等多种学习生活方式，可以从多方面找到其理论支撑。从教学改革的价值取向来看，两者追求的目标有相同之处。作为一种重要的学习理论，建构主义正在对我国的教育教学改革产生全面而深刻的影响。从高校课程标准的修订和信息技术的实施来看，新课程要求信息技术教师要更好地发挥创造力，不断学习新技术、新理论，掌握信息技术课程的教育手段和方法，拥有先进的教育理念，成为精通业务能力、创新精神和创新能力教育的实践者。

三、发现学习理论

发现学习的核心是发现。所谓发现，一般是指对现有事物的处理和重组，以及对各种已知元素的重新配置，强调发现的内容不仅是指人类作为一个整体所不知道的事物，但也包括对整体已知和个体尚未知道的事物的探索。

首先，发现学习理论认为主动形成认知结构是学习的实质。学习理论认为学习是个体主动的认知过程。在这个过程中，学习者积极主动地获取知识，并将新知识与自己原有知识建立联系，从而将新知识纳入自己的知识体系，形成新的认知结构。因此，学习理论非常重视认知结构在学习中的作用。

其次，学习包括获得、转化和评价三个过程。强调学习任何一门学科的最终目标都是为学生建立良好的认知结构，而良好的认知结构需要通过获取、转换和评价三个过程来构建。获取是新知识与原有知识和认知结构建立联系的过程。转化是对新知识的进一步分析和概括，使之转化为另一种形式。评价是对知识转化的检验，包括对知识合理性的判断。

最后，发现学习理论强调学习的内部动机。发现学习理论认为对学科本身的兴趣是学习者学习的最佳动机，只有学习者感兴趣才会充分发挥他们的学习积极性。

发现学习理论包括以下四个基本特征①。第一，强调学科结构。要让学生掌握学科的基本结构，并将其与智力发展相结合，不能过分强调零碎的知识。第二，强调学习过程。在教学过程中，学生是积极的探究者。教师的角色是形成一个能满足学生自主探索的情境，而不是传授已有的知识。强调让学生独立思考，参与知识获取过程。第三，强调直觉思维。该理论认为直觉思维的形成过程一般不依赖于言语信息，其本质是反映性的或形象性的。第四，强调内在动机。发现学习理论提出要形成对学生能力的激励，使学生有获得才能的动力。通过激发学生提高能力的欲望，进而提高自己的学习效果。

发现学习理论既注重知识理解，又注重对学生能力的培养，符合学习和教学的一般规律，对面向学科核心素养的教学具有一定的理论支撑。首先，提倡问题教学。在问题意识的基础上，对课堂教学进行设计、组织和控制，让学生参与发现问题、分析问题与解决问题的过程，让学生在这一过程中，发展学科思维能力，兼顾发展学科核心素养的其他各个方面。其次，发现学习重视学习情境的创设，学科核心素养的教学也强调创设问题情境。

---

① 张北根．“中国近现代史纲要”：研究性教学的探索与实践［M］．北京：知识产权出版社，2015.

学生置身于特定情境中，不但激发学生的学习动机，同时也激发学生批判性思维和创新性思维，学生可以开展创新学习。最后，发现学习强调在教学活动中，为学生提供一定的学习材料，在创设的问题情境中，融合学习知识和探索知识，在引导学生发现概念以及事物之间的联系和规律过程中，发展自身的学科思维能力，进而实现认知结构的形成和转化过程。

四、教育技术理论

随着科学技术的飞速进步，教育技术在教学中日益凸显出不可或缺的作用，教育技术学是在卓有成效的教育技术实践的过程中形成和不断完善的，并逐渐成为教育科学的一个重要分支学科。

教育技术理论是沿着视觉教育——视听教育——视听传播——教育技术的路径生成和演变的。早在17到18世纪，西方教育学家就提倡教师组合运用图片、模型、实物等形象直观的教材和教具来辅助课堂教学，后来随着照相机、幻灯片等机械和电子信息传播设备的问世，能够向学生提供生动的视觉形象，使学习活动更加具体化，由此产生的视觉教育概念，成为技术教育理论的雏形；进入20世纪30年代后期，无线广播、录音机、有声电影等工具先后在教学中投入使用，视觉教育这种说法已经无法完全概括已有的教育实践活动，一些学者开始提出视听教育的概念，视听教育与视觉教育相比没有质的变化，只是辅助教学的工具由原来的单纯借助视觉延伸至视觉和听觉并用；到了20世纪50年代，早期的系统观念和传播理论开始渗透到视听教育领域，微型计算机、教育电视、程序教学等新的媒介工具的开发和推广使用给视听教育注入了新的活力，教育者开始由仅仅重视工具的使用变为关注整个教学信息的传播过程。教育过程是复杂元素共同作用的结果，传播理论和系统观念一起影响着视听教育向视听传播的转变；伴随着互联网时代新媒体技术的发展和理论观念的创新，技术对教育的影响涉及学习资源与教育活动的全过程，传统的视听教育、视听传播等名称已不能涵盖该领域的研究和实践范畴，美国于20世纪70年代正式提出了教育技术的概念，并对其进行了系统、全面的定义。所谓教育技术理论，就是运用现代信息技术，对学习资源和学习过程进行设计、开发、实施、评价和管理的理论与实践①。该定义体现了“以教为中心”转向“以学为中心”，“传授知识”转向“能力提升”的现代教育理念，要求受教育者由被动接受者转变成能够积极运用各种信息和资源条件的主动学习者，而教育者的作用就是要最大限度为受教育者创造和提供满足其需求、促进其能力提升的学习环境。

进入互联网时代，伴随着信息技术的飞速发展、传播媒介的融合，各种“微媒体”和

① 万明高．现代教育技术理论与方法［M］．北京：北京大学出版社，2007.

"微平台"的出现与普及，给高校教师的教学提供了全新的辅助工具，在提高教育者工作效率的同时，也极大激发了受教育者的学习积极性，科学技术应用于教育教学的重要性和必要性愈加凸显，教育技术理论发展到今天也有了长足的进步，"微思政"育人模式就是教育技术理论在新媒体时代应运而生的产物。从教育技术理论的角度来看，高校"微思政"育人模式顺应互联网时代的发展趋势，借助"微媒介"等辅助工具作用于思想政治教育的全过程，能够弥补传统思想政治教育模式的劣势和短板，并且能够有效提升高校思想政治工作的精准性、有效性和吸引力，从而实现"立德树人"的育人目的。

五、其他理论基础

（一）胜任力理论

产生于人力资源领域的胜任力，标志了优秀管理者选拔和评估员工时关注的信息。与教师专业能力发展理论相比，胜任力理论更多地突出了教师教学过程相关的各类心理因素。目前，学者们并没有在胜任力的标准定义方面达成共识，因能力构成、工作情景、组织群体等不同角度有各异的内涵，但普遍看来涵盖了知识、能力及个人特质等方面。胜任力模型中，较为经典的是麦克利兰的冰山模型和博雅特兹的洋葱模型。冰山模型突出潜在的隐性能力，洋葱模型在冰山模型基础上提出，但对各异因素间的层级联系十分重视，突出了各因素与核心因素的关系。

国内外对教师胜任力的关注集中在评价、特征和构成要素的探究方面，随着胜任力研究在教育领域的进行，教师胜任力研究在质和量上有了深入发展。根据对胜任力的冰山模型、洋葱模型、ASTD 模型的归纳，分析以往的研究，学者总结出教师胜任力模型包括思想素养、个人特质、职业品质、专业知识、专业技能等 7 个维度 29 个胜任力词汇。[①] 专家认可度较高的五项有：专业知识，包括教师必须具备的学科领域的内容及较广的社会知识范围；教学技能，指在教学理论下，教师有组织、有计划、有目的的推进教学的能力；个人特质，教师亲和、真诚、守信，作风严谨、为人守信等；职业道德，明确教师职业理想、职业作风、职业态度，热爱教育工作，对工作负责；学生观念，关爱、理解、尊重每一个学生等方面。教师教学能力的研究中，教师个人特征及其保障教学进行的教学知识、教学能力等不可或缺。

（二）能力层次结构理论

对于能力结构的认知，国外专家在前人的基础上，对能力的结构进一步深化和发展，提出能力的层次排列结构。能力层次结构理论认为能力的结构是按不同层次进行排列的，

---

① 王正华．高校教师胜任力模型实践研究［J］．中国成人教育，2015（3）：90－92.

智力的最高层次是一般因素；第二层次分两个大因素群，即言语和教育方面的因素，与操作和机械方面的因素，叫大因素群；第三层分为小因素群，包括言语、数量、机械、信息、空间信息、用手操作等；第四层为特殊因素，即各种各样的特殊能力。①

（三）培训迁移理论

培训迁移指学习者将在培训中习得的知识、技能、行为及态度等运用到实际工作中。培训迁移理论认为培训的目的不仅在于达到培训目标，培训要能够全方面地影响参加培训的个体，使其能够在不同场景中自觉地运用所学内容。时间上，迁移周期绝不局限在培训后的一小段时间，而是长期地影响着个体。

培训迁移的发生需要三位向度因素的支持，即教师培训迁移主体、培训迁移场域和培训迁移本体机制。② 迁移主体的影响因素包括：基本特征，有年龄、工作年限、职位、个性等；能力特征，有认知能力、元认知能力、记忆能力、感知行为控制等；情感特征，如个体对职业、工作和培训的态度和动机等。培训迁移场域主要为环境因素，包括：宏观的经济和社会环境，组织内环境中迁移气氛、员工、同事的社会支持及主管和最高管理层的反馈及制裁等。培训迁移本体机制更多地指向培训本身，设计科学的培训内容、方法、原则和培训保留、实践等方面。

培训迁移能够提升培训的效能，推定组织的持续发展。理论作为由学习迁移理论发展而来的概念，对个体的发展具有深远的影响，突出表现为学习者能力的自我构建和延伸发展。这种延伸构建能力对新时代教育信息化背景下教学能力的持续深化发展具有重要支持。

高校教师教学能力的构成要素是在充分钻研教师专业能力发展理论、教师胜任力理论基础上，结合新时代教育信息化背景特点进行分析的，是教师能力、技能和态度在新时代教育信息化背景下的发展结果，是教师胜任教学必备的素养、个人特质和专业技能等能力的组合。能力层次结构理论从不同侧面对教师教学能力结构进行探究，根据能力的要素及要素的共性和特殊性，在承认能力独立存在和层次关系的基础上构建了高校教师教学能力的结构模型。

---

① 彭耽龄普通心理学［M］．北京：北京师范大学出版社，2004.

② 苑璞，魏长骄．三位一体教师培训迁移预测体系探究［J］．现代教育科学，2020（3）：94－99.

第二节　高校教师教学的基本内涵与内容

一、教学能力的概念界定

要理解和把握高校教师教学能力的含义，首先要清楚“能力”和“教学能力”的基本内涵，从“能力”“教学能力”内涵的一般性出发去把握高校教师教学能力的特殊内涵。

（一）高校教师

教师的概念为“学校中传递科学文化知识和技能，进行思想品德教育，把受教育者培养成一定社会需要的专业人员”。[①] 高校教师，顾名思义，就是在高校内部专门从事高等教育教学的专职人员。目前高校课程设置大致划分为思想政治理论课程、综合素养课程以及专业课程三类，每类课程都有其各自的边界，不同的课程教师承担着各自的教学任务。

（二）能力及教学能力

教育大计，教师为本。随着教育事业的蓬勃发展，关于教师教学能力的内涵研究也在不断丰富和发展。教学能力包含了“教学”和“能力”两个术语，一类将教学能力看作是能力的一个属概念，将心理学领域对能力概念解读中的活动具体化为教学活动，从而引申出对教学能力概念的解读和阐释。另一类从完成具体教学任务的知识性与技能性因素出发，指出教学能力是教师所必备的顺利完成特定教学活动的能力。

在最本质的意义上，能力是一个具有高度的社会实践性的范畴。[②] 能力总是与人的社会实践活动联系在一起。欧阳康认为能力是“在社会实践中形成而又潜在主体内部，并在主体和客体的对象性关系中表现出来的客观的能动的力量，是认识能力和实践能力的统一”。[③] 此外，学者们从心理学角度对能力的内涵作出了界定，认为能力是“个体顺利完成活动任务的直接有效的个体心理特征”。[④] 因此，能力可以是指作为主体的人，在从事某项社会实践活动中，为了完成一项目标或者任务所体现出来的主体力量，是直接影响活动效率，并使活动顺利完成的个性心理特征。

教学能力是教师所必备的、首要的、基础的和核心的能力，是衡量教师业务水平的重要标志，会直接影响教学活动的质量和效果。学者们对教学能力的内涵有着不同的解释。教学能力是指教师为了有效开展教学活动、达到教学目标、实现教育目的，在教学内容的

---

① 顾明远．教育大辞典（第1卷）［M］．上海：上海教育出版社，1990.

② 王能东．高校思想政治理论课教师核心教学能力研究［M］．北京：人民日报出版社，2018.

③ 欧阳康．哲学研究方法论［M］．武汉：华中科技大学出版社，2022.

④ 朱超华．教师核心能力论［M］．广东高等教育出版社，2007.

认知与传播、教学过程的实施与管理、教学效果的评价与反思中所具备的综合能力。

二、教学能力的内涵与特征

(一) 教学能力的内涵

关于有关教学能力的内涵，学者们观察的角度不同，给出的定义也不同，可谓“仁者见仁，智者见智”。教学本质上就是使得教学与其他活动得以区分的内在规则体系，教学指教师教和学生学，是教师和学生认知的发展和素质的养成。从动词角度理解，认知是指获得知识的学习过程，养成指的是有利于个人成长的身心变化（智力，能力，体能，情绪，态度，价值观等），认知和养成揭示了实践层面的教学实质。从名词的角度理解，认知和养成指的是学生和教师从教学活动中获得了文化水平和知识这样的结果，揭示了教学的目的。

对学生而言，学习知识是认知过程。对教师而言，教学也是一个认知过程。教师的认知指知识的积累和教学准备工作（储备知识，了解学生，选择合适的教学方式），也包括了教学进行过程中对课堂状况的判断以及课后的教学反思。事实上，环境在个人成长过程中发挥作用是必然的。素质的养成不仅是一个自然的过程，还是一个意识干预的结果。经过长期的学习，学习的内容、学习方法、师生之间的交流、校园文化等，会在学生的智力层面、非智力层面和身心层面体现出来。经过长期的教学，教师也会有意识或无意识地获得特定的专业知识、专业态度、教学风格、个人教学魅力。总之，教师和学生都会发生自发的、有意识的、必然的改变。教师和学生认知和养成的变化从实践层面和客观层面揭示了教学的独特性。

教育的目的是培养职业素养，不仅是传授知识和技能，也是培养学生的性格和能力，教学是最重要的教育方式，它应当完成传授知识技能和培养性格能力的双重任务。仅重视认知，不关注学生的身体和头脑的教育是不完整的。因为知识和技能并不能自发地转化为教育者希望的素质和能力。缺乏相应的素质和能力，教育就背离了其社会使命。

在教学活动中，学生的认知主要是学习知识和技能，探究学习方法。学生素质养成主要指学生在智力、能力、品格、态度、行为和身体方面的稳定发展。当然环境和学生积极努力也会对素质养成构成微妙的影响。相对而言，素质养成是教学的隐蔽特征，在当前教学中受到一定的忽视。学生缺乏创新能力、人文素养，社会适应能力不强等都与此有关。教和学是一对反义词，教限制学，教学本质上不仅仅是学生群体认知发展和素质养成，把教师群体也包括在内才有利于我们更加全面地了解教师在教学中的作用。

教师的认知发展包括两个方面：钻研知识，从而全面掌握知识；研究教学方法，找到合适的提升教学质量的方法。教师素质养成是长期教学和教师主动提高的必然结果。教师的素质养成包括专业知识、专业态度、教学风格、个性特征等。目前，与社会和家庭相比，教育对学生的影响显著下降，原因之一就是教师的学识和个人魅力无法影响学生。显然，教师的认知和素质养成制约着学生的认知和素质养成。

教师本人的素质和认知在促进学生认知发展和素质养成方面具有重要作用。我们得出的结论是认知和素质都是教学能力中必备的要素。教学能力是指个人从事教学活动所表现出来的个性心理特征，它是进行教学活动所必须具备的知识、技能、个体素质和个体身体能力的整合。

教学能力是教学知识、教学技能和教学活动的有机统一。教学知识、教学技能和教学活动都是构成教学能力必不可少的要素。教学技能的形成离不开教学实践，它是通过学习和教学实践所获得的符合教师规范要求的、有关教学活动方式本身的动作经验。教学技能在教学活动的控制执行环节起调控作用，娴熟的教学技能是高水平教学能力的表现，但是教师仅具备熟练的教学技能并不等同于具备很高的教学能力，还应具备扎实的教学知识。能力的培养要以知识为基础，教学知识是教学能力的养料，它发挥着为教学活动确定方向的重要作用，能够对教学效果产生直接的影响。教学能力的形成也离不开教学活动，我们将教学能力看作是教师为了顺利开展教学任务，在具体的教学实践活动中表现出来的能够影响教学活动有效性的能力。教学技能、教学知识和教学活动都是教学能力形成必不可少的要素，教学技能和教学知识是教学能力形成的基础，教学活动是教学知识和教学技能内化为教学能力的平台。教学能力是教学知识和教学技能在教学活动中的统一。

（二）教学能力的特征

从职业角度看，教师需要具备多种素质，教学能力是教师的重要素质之一。与其他素质养成相比，教师教学能力的形成机制更加复杂，教学能力的提升过程缓慢而艰难，需要包括教师个体、教师团体和学校在内的多方面的共同努力。教学能力形成机制的复杂性，是教学能力与其他能力的不同之处。教学能力具有以下特征：

个体性。教学能力是不同的教师个体在日常教学中通过体验、感悟、实践等方式形成的独特性能力，既存在能力指向目标的差异，也存在能力强弱和水平高低的差异。教学能力的形成，受到教师个体差异性的思维特性、个性特征、动机、知识储备以及周边环境等各种因素的影响，并不是教师掌握某种普遍规范的理论之后，把理论简单运用于教学实践的过程。教学能力的形成，需要教师将一般性的理论与个性化的知识、价值、情感、观念、教学情境相融合并进行内化。在内化过程中，由于不同教师个体能力发展层次、水平的不平衡，不同教师个体会反映出不同的个性特征。

实践性。教育实践活动是教师能力形成的基础。教学能力总是与特定教学活动相联系，有什么样的活动就需要什么样的能力。在每一次具体的教学情境中，教学环境都不相同，不同的教学内容、不同的施教对象，会形成不同的教学情境。在教学过程中，教师能根据教学对象和教学条件的不同，采取适合的方法和行为，即教师能够将一般教学技能知识同差异化的环境相结合，才是教师教学能力的真正体现。教学实践是教学技能和教学知识内化为教学能力的重要平台，它是教师教学能力形成和发展的重要条件。

创造性。教学能力创造性的特点是由于教师面对的教学情境和教学对象的特殊性和多变性决定的。不同的学生具有不同的社会背景，使得学生的发展具有个体性的因素，其能力、情感、思想都各有特点。我们提倡教学要能够满足不同学生的个性化需求，教师需要根据不同的教学情境采取差异化的教学策略。教师根据不同的教学情境和施教对象，采取不同的教学方法、教学内容和教学策略，这一过程需要教师具有创造性的特质，不断变化的教学活动使得教师教学能力永远处在发展过程之中。

发展性。教学能力是教师在复杂教学活动过程中，为了适应不同教育对象的需要而表现出来的特征。马斯洛的需求层次理论中，将人的需求从低到高分为五个层次，即生理需求、安全需求、社交需求、被尊重的需求和自我实现的需求。人类具有的成长发展天性能促使人不断朝理想的目标努力，从而达到自我实现的目的。教师群体也不例外，教师自我实现倾向会成为一种内在本质力量，会成为教师的表现欲望，促使教师寻找舞台展现自己的能力和才华，在教学活动中体现自己作为教师的价值，这使得教师教学能力本身具备发展的潜质。另外，教学情境和教学对象处于不断变化之中，教师需要根据变化了的教学情境和教学对象调整自己的教学策略，使得教学能力具备动态发展的特点。教学能力也将伴随着教师个体的成熟而提高。

（三）教学能力的构成

教学能力，指为了达到某种教学目的或者完成教学工作任务的过程中需要的全面胜任能力[①]。教学能力在教学工作中属于根源和基础的地位，特点是多样性、强塑造性以及可延伸的属性。高等学校教师的教学能力既有艺术性，又带着学术性，具有多元和精端的双重特点，高校应该将教学能力的培养作为教师本身专业素质的重点，教学能力的高低决定了人才培养质量的高低。当今社会赋予了教师更多的责任和权力，同时也对教师提出了更高、更多的要求和期望。

1. 教学认知能力

教学认知能力主要是指教师对教学各要素的理解与判断能力，它与知识结构相符合，主要表现在对所教授科目及相邻学科的理解与掌握、所具备的心理学与教育学理论基础知识以及学生学习的准备情况和学生的个性特点、判断能力等。在教学能力构成上，教学活

---

① 顾明远．教育大词典［M］．上海：上海出版社，1998（6）．

动能否畅通无阻的展开依赖于教学认知能力，该能力将决定了教学计划的质量高低。

2. 教学设计能力

教学设计能力是指教师把对学生的学习状况和所教内容的理解当作基础，然后去设计教学方向、教学过程、教学方法的能力。简而言之，教学设计能力本质上就是在开展教学之前，把所有客观条件优化和重组，让它们彼此得到更合理结果的能力。教学设计能力是能够体现出高校教师教学能力的一个重要因素。

3. 教学实施能力

教学实施能力是指在教学内容准备就绪的情况下，教师在课堂上帮助学生调动学习的主动性，合理展开教学，帮助学生提升学习效率的能力。该能力是教师将所教的知识内容进行合理展开，学生们在高校教师的教学中学习得更有效率的一种能力。其内容主要有教师在课堂上对学生进行引导和传授知识，教学过程中跟学生进行互动，对学生进行督导、调节和对教学办法的应用。

4. 教学反思能力

教学反思能力指的是教师反思自己本人和教学活动，对自己的行为、教学的办法和规划以及被上述因素影响的结果展开合理的分析审读、总结整合的能力。从反思的对象进行划分的话，分为自我反思和教学活动反思。高校教师要时常开展反省，从自己身上或者是同事身上发现问题，或者从专家那里学习借鉴问题，这些反思可以有效帮助高校教师发展进步。

5. 教学研究能力

教学研究能力指的是在教学实践的过程中，教师对存在问题的研究能力，要求高校教师在工作中用自己犀利的慧眼去查找问题，利用充足的理论知识，科学严谨地分析问题，切实高效地解决问题，最后总结出一定的经验教训。

三、教学能力的结构与发展体系建立

（一）教学能力结构

学者们对教学能力结构模型建构有着不同的观点。有学者针对前人研究总结出 10 条教师教学能力构成子集，在构成子集基础上，理清了国内学者构建教学能力结构模型的五种方式：第一，从能力层次和表现形式建构；第二，根据能力层次、教学活动及教学环节角度；第三，根据教学活动形式；第四，依据能力构成、教学活动和组织领域；第五，能力层次及重要性。国外学者认为教学能力是由专业知识、课程设计能力、交流沟通能力以及教学实施与管理能力四个维度构成。

（二）教学能力发展体系的建立

教师教学能力的出发点和落脚点就是为了促进教师教学能力发展，学者们为此纷纷献言献策。有很多学者从政府、高校、教师、社会方面提出高校教师教学能力提升路径。也有学者建议，建立高校教师教学发展中心，构建发展机制与模式，倡导提高教师教学能力应该建立三种基本机制，包括多元合作机制、个性化服务机制及绩效评估机制；五种实践模式，包括项目培训模式、专题研讨模式、成果培育模式、教改指导模式以及咨询服务模式。

因此，教学能力提升与发展并非一己之力能够完成，而是需要多方位、全方面调动一切力量。从政府、社会、学校和教师层面逐个计划、逐个突破，共同致力于教师教学能力提高。新时代下，教师教学能力发展趋势要不断走向理念国际化、结构动态化、标准专业化、手段信息化。

第三节　高校教师教学能力的历史发展

一、基于国内研究的教师培养发展历史

（一）学历补偿时期

中华人民共和国成立初期，针对师资队伍短缺、质量低、水平不高等现状，我国教师的培养目标主要是通过恢复师范院校的师范生教育、重建教育学院和教育进修学校等，以期对教师进行学历型的补偿教育、提高教师的教育教学能力。力争在三到五年内，教师本科学历提升。当时对教师教学能力的评价还停留在以教师个体考核为主的评价，教师进修的考核作为评定教师专业职务和晋级的内容之一。

（二）素质提升时期

随着我国高等教育的发展，教师学历补偿的逐渐完成带动了教师文化水平的不断提高。传统意义上的教师培训也开始往教师继续教育方向发展，以提高政治思想素质和教育教学能力为主要目标。此时，承担在职教师培训任务的机构依然是教育学院和教师进修学校、师范院校等。在对教师教学能力的评估方面，除了教师个体的考核，也开始增加督导培训机构、教育行政工作部门等第三方监督的方式提升教师教学能力的效益最大化。

（三）全面提升时期

20 世纪 90 年代末期，全面推进素质教育改革的大背景下，教师教育和终身教育体系紧密挂钩，探索新形势下继续教育的多种有效模式。国家层面通过规范教师培训证书制

度、建立教师培训管理档案、建立教师培训机构资质认证制度。1996 年，国家要求高校教师更好地履行现岗位职务职责，创造条件，从实践教学和科学研究中选拔脱颖而出的优秀教师加以培养，使他们成为新的学术带头人。2012 年为深化教师教育改革，推进教师教育内涵式发展，全面提高教师教育质量，培养造就高素质专业化教师队伍，从构建开放灵活的教师教育体系、健全教师教育标准体系、完善教师培养培训制度、创新教师教育模式等方面提出要求。2021 年，教育部启动“虚拟教研室”建设项目与首批建设立项 439 个虚拟教研室，分为“课程（群）教学类”和“专业建设类”2 种，以现代信息技术为基础，立德树人为根本任务，构建教学发展共同体和质量文化，利用信息技术，摸索一套不受时空限制、线上线下相结合、高效、便捷的新型教学模式，开拓基层教学组织建设的新方式。虚拟教研室成员在充分研究交流的基础上，协同共建人才培养方案、教学大纲、知识图谱、教学视频、电子课件、习题试题、教学案例、实验项目、实训项目、数据集等资源，形成优质共享的教学资源库。引导教师回归教学、热爱教学、研究教学，提升教育教学能力，为高等教育高质量发展提供有力支撑。

二、基于国内研究的教师教学能力评价体系发展

（一）高校教师教学能力的研究

有学者在文章中说，高校教师需要在整个教学生涯去不断地提升自己的教学能力，但是在传统意义上，依靠个人或者是通过一些偶发性的教学培训来提升高校教师的教学能力，实践效果并不是很理想。

张静华①在文中阐述：从高校本科层次的教学出发，研究基于学生视角，从知识、技能、态度三个维度对高校教师本科教学能力中存在的问题进行了分析，并提出了相应的对策。通过问卷调查获得相关数据。采用 SPSS 软件对所得问卷进行信度和效度检验，数据分析显示，教师的教学能力存在三个方面的问题：知识基础，教学态度，教学技能。首先基于教学以“学生为中心”缺乏对学生身心特点的了解和学生基础知识的掌握情况；其次就是教师在教学实施过程中的教学态度，教师对于自己的学生存在学习的困难不了解，无法及时对教学进行反思和做出改变；等等。以上都是影响教师教学能力的重要因素，也是教师在教学实施过程不可或缺的一部分。

王诺斯②在文中论述：从选拔、任用、培训、“留用”四个方面，探讨了提升高校教师教学能力的对策。在教师培训过程中，以教育理论为指导，注重知识技能学习；建立科学

① 张静华．高校教师本科教学能力存在的问题及对策研究［J］．中国高教研究，2020（05）：9－16．

② 王诺斯，彭绪梅．生态位理论视阈下高校教师教学能力的结构表征与培育路径［J］．现代教育管理，2019（08）：55－60．

评价体系，促进自我发展；加强实践训练，完善知识结构；重视学生反馈，增强创新能力。在教师招聘过程中，应鼓励建立“优胜劣汰”的生态系统，完善教师教学能力评估系统，提升课堂教学质量；在教师能力方面，要坚持中国特色社会主义教育道路和新时代高等学校教师队伍建设重要指示，立足学校办学理念，结合教师职业发展规律，分期分批设计具有中国特色的培育体系；在教师任职方面，要进一步提高教师的积极性、创造性，制定教师教学能力激励策略，营造教师成长的良好生态环境。

总之，在高校教师教学能力方面，普遍的学者还是从定量分析以及细小的点去切入，重新组织和设计教师教学能力的相关评价模型，构建高校教师教学能力评价模型，无论是定量定性分析还是数理统计理论，都对我国教师评价理论的发展起到了促进作用。但是现在来看，这些研究是阶段性，其研究的局限还是较为明显的，随着新时代对高校教师的要求越来高质量化，教学能力的提升也是一个较大的方面，与其相配套的教学能力评价方式也需要全面发展，教学能力的研究潜力和发展空间还很大。

（二）教师教学能力评价体系研究

现在普通高等学校主要使用教师评价的功能是激励教师的教学方式方法的改进，提高学校教师的教学质量。教师评价主要考察教师的个人工作表现，检验教师是否完成了教学任务和工作安排，是否达到学校对教学任务的要求。

冯惠敏[①]认为教学型教师承担着高校教育教学、教学研究等大量核心工作，是高校人才培养的中坚力量，建立科学高效的教学型教师评价指标体系对推动其队伍建设、提升师资力量具有重要意义。此研究立足“教学学术”理论，利用集成学习的算法——随机森林来构建教师教学学术能力评价指标体系。利用以前常规的评价方法和随机森林算法进行一个比较，得出传统的教师评价采用人工方式，依赖专家的经验设置体系和权重，没有足够的理论支撑，评价的结果不可靠，也不精准。最后实验得出：第一，教学不是复杂的技术工作，而是充满挑战的学术工作。第二，教师的一些基本教学技能能够很好地显现出来，但是隐形的教育素质很难发现好坏，在构建教师评价指标时要注意教学队伍隐形教育素质的指标建立。第三，积极参加教学研究与交流会，将自己的教学心得与实践经验进行共享，提升教学实践水平。第四，教学与科研并没有真正地结合在一起，需要教师积极地推动科研与教学共同发展。第五，教学在新时代并不是“个体劳动”，要将教学个体与集体相结合，通过教学交流和学术共同体，实现个人到公共的知识的增加。教学学术性的实现，离我们还有很长的一段路要走，不仅仅依靠评价指标，还需要高校建立教学学术体制，政策、制度也与之相配套，平台、学术共同体的构建，是一个庞大的系统工程。

---

① 冯惠敏，沈凌．教学型教师评价指标体系与评价方法［J］．高教发展与评估，2021，37.

黄彬[①]在其研究中表明，教学能力评价无论是重点大学还是一般高等院校，都存在理论上和实践中亟待解决的问题，评价变革迫在眉睫，是使教师教学能力提高的必要举措。从教学评价是重技术还是艺术、什么样的课是一堂好课、学生能否准确评价教学效果、评价目的是针对问题改进还是选拔优秀教师，这四个方面来对教师评价观念进行一个理性的反思。知识、设计、表达、实施、态度、效果等六个要素作为教师教学能力评价的细化标准，要协调改进各个要素，评价指标的均衡设计是影响教学质量关键的问题。目前对教师教学能力进行全面而系统的综合评价还比较欠缺。基于“以评促建”理念，从学校层面上开展教师教学能力的整体评估势在必行。教师教学能力评价需要充分考虑评价的价值取向、指标设置趋势、评级主体选择、结果运用等因素，构建教学评价的实践逻辑。评价方法应以形成性为主，对教师教学能力做出过程性和发展性评价，促进教师不断提高教学能力。评价主体应以学生为主；评价结果运用以激励为主；高等院校课程实施的过程中，学生对教师教学的反馈、课程教学中学生的思维、方法和技术得到训练的数量与质量、大学教学中的师生关系状态等这些方面是教师教学能力评价不应该被轻视的评价指标。

吴志华[②]文章中提出：将微格课应用于师范院校教师教育课程体系中，是对高等院校微格课程有效性、实践性课程评价，是对高校学生的师范能力的评价。

从上述可知，我国对教师教学能力评价指标进行了多方面的研究，包括评价方法和核心要素。教师教学能力评价体系的建立，是需要学校、学生、教师共同努力，三者之间相互影响，但是由于各个影响因素不同，所以会产生不同的效果，当然这也与各方面因素有一定关系。教师自身是主要因素，因此要加强对教师的思想政治理论的教育；不断地学习与反思，坚持教学以学生为中心；创新教学方式方法，调动学生学习的积极性。

（三）新时代教师教学能力研究

徐巧云[③]在论述新时代高校教师发展时遇到的困境时指出，在新时代背景下，高校教师在应对教学能力发展的同时，还要注意规范师德师风。不同类型和阶段的教师，首先要检查自己的教学能力和专业水平，在“互联网＋教育”的时代，高校教师除了要掌握基本的能力，还要掌握建立学习环境能力、信息技术运用能力、专业知识深化能力和教学创新能力四个方面。冯滨鲁[④]以潍坊学院的高校教师为例，对高校教师的教学能力提升提出几

① 黄彬．高校教师教学能力评价：反思与建构［J］．教育研究，2017，38（02）：90－96＋158.

② 吴志华，刘婷．教师教学能力评价指标体系的建立——基于高师微格课程效能评价的研究［J］．辽宁师范大学学报（社会科学版），2011，34（04）：58－61.

③ 徐巧云，康翠萍．反思与赋能：新时代高校教师教学发展的实然困境与理性应对［J］．黑龙江高教研究，2021，39（07）：76－80.

④ 冯滨鲁，毕廷延，魏晨明．高校教师教学能力提升策略研究——以潍坊学院为例［J］．山东教育（高教），2019（Z1）：106－108.

点策略：要建立完善的激励机制，激发高校教师学习热情；师生和谐相处，营造良好的教学氛围，教师与学生共同进步；定期举行师德培育，培养高尚人格魅力，做好教师榜样示范作用。特别强调对于青年高校教师提出要求：首先为高校教师的成长提供制度上的保障，通过教师比赛，激发出提高自身课堂教学能力的积极主动性；其次，发挥学科带头人的作用，促进高校教师专业能力快速稳步地发展；再次，开办各式各样的培训活动，鼓励高校教师积极参加，增强自身的教师责任感和科研能力；最后，要建立健全的高校教师评价体系，以评价为导向，强化教师教学能力。在对新时代高校新教师教学能力培养的过程中，需要从教材的分析、教学的方式方法以及技巧、教学的思路这三个方面作为切入点。教材分析不仅与教师的教学密切相关，还与学生的学习密切相关。教学方式上，利用现代信息技术，多获取网络上优质的课程资源，并采用开放式教学设计，引导学生利用各种教学资源，主动的去学习。教学思路：注重学生主动学习能力的培养，避免出现固定思维，提升学习积极性。随着新时代的发展，随着社会经济水平的普遍提高，人们对思想政治领域知识的需求越来越迫切。因此，在高等教育中加强思想政治理论课程建设具有重要意义。高校作为培养高素质人才的主要基地之一，其教育质量直接影响到国家未来的综合竞争力。

综上所述，在对新时代教师教学能力研究的文献中能够看出，从新时代对于高校教师的要求提出了不同的建议，并对高校教师从唯论文、唯职称等弊病入手，注重对教师能力、业绩和贡献的评价，转变高校教师重科研、轻教学的问题。突出高校教师教学能力高质量发展，落实高校教师立德树人的根本任务，只有高质量的教师队伍，才能培养出社会所需要的高质量人才。为了提高高校教师的教学能力，需要搭建高校教师发展的平台，完善教师发展培训制度、保障制度、激励体系、评价制度和督导制度。

第四节　高校教师教学能力面临的现状与问题分析

一、基于高校教师视角高校教师教学能力存在的问题及影响因素分析

（一）高校教师教学能力存在的问题

1. 教学认知能力欠缺

教学认知能力是教师教学能力的重要组成部分，良好的教学认知能力应是在充分了解教育对象的情况下，经科学的教学理论指导为学生提供系统而前沿的学科知识的能力。但是目前，高校教师教学认知能力较为欠缺。第一，高校教师虽然具有较好的专业基础，但是对于相邻学科、交叉学科的知识掌握不足，缺乏动态了解，难以站在学科体系的高度为

学生传授知识。第二，高校教师对于教育理论基础知识的掌握不够充分，更多是依靠自身教学经验摸索教学方法，没有利用教育学理论指导进行科学教学，自发性强。第三，高校教师对学生学习的准备情况、学习状态及个性特点等情况不够了解，在教学中仍然将自身置于主体地位，缺乏对学生的关注，没有根据具体情况对教学内容进行加工处理，难以因材施教，缺少具有针对性的教学方法。

2. 教学组织能力不足

教学组织能力是教师顺利完成教学任务的中心能力，具备较强的教学组织能力意味着能够在教学环节中通过高质量的教学内容与有效的教学方法使学生在课堂情境中获得知识。然而，目前高校教师的教学组织能力普遍不足。一方面，高校教师自己的科研成果是对专业学科知识的高度凝练，是提高教学内容质量的最好素材。虽然大部分高校教师有运用科研成果对教学内容进行加工处理的意识，热衷于在促进学生发展的同时提高自身教学组织能力，但是在实际课堂教学中，多数高校教师没有利用好科研成果的教学价值，学生理解与掌握知识的效果不尽如人意。同时，部分教师对将科研成果应用于课堂教学还存在不认同的态度。另一方面，部分高校教师在课堂中过度依赖 PPT，将注意力过度集中于课件的放映，缺乏与学生进行互动交流，忽视学生的课堂表现以及知识掌握的情况，教学方法机械化，缺乏有效性。

3. 教学调控能力有待提高

教学调控能力是根据课堂情况进行教学调节的能力，教学调控能力强的教师善于通过听取反馈意见、思考教学过程来调节教学活动。虽然大部分高校教师愿意听取他人意见，重视外界评价，能够积极进行教学改进，但是仍然存在一些教师不会根据反馈对教学过程进行适当调控的情况。同时，由于高校普遍存在考评意见反馈的流失现象，很多教师因为缺乏接收反馈的渠道而无法判断自己的教学情况，难以对课堂教学作出相应的调整。另外，高校教师反思意识淡薄，缺乏对教学实践的自我指导，难以通过反思及时调节教学中的不足，教学调控能力较弱。

4. 教学研究能力存在局限

教学研究能力是现代高校教师极具开发潜能的核心能力之一。良好的教学研究能力代表教师能够积极参与教学改革，将教学作为学术活动进行深入研究。但是，当前高校教师的研究能力还存在一定的局限。一方面，高校教师参与的教改项目级别普遍较低，且未参与教学改革的比重较大，对教学研究的积极性有待提高。另一方面，具有教学研究意识的高校教师较少，教师对教学改革研究缺乏热情。同时，高校教师教学改革的效果不理想，教改成果的质量还有较大的提升空间。

（二）高校教师影响问题的因素分析

1. 教学能力的自主提升

教师自主提升教学能力从管理学角度来说是属于一种内部动机，它是指如果当个体对事务本身有着极大的兴趣，就会产生一种内部动机，这种内部动机并不需要外力的刺激，是很稳定、持续的。所以教师自主提升教学能力的动机对高校教师而言是非常重要的，只有当高校教师有了自我提升教学能力的意识后，才能积极主动地通过各种行为来提升自己的教学水平。

部分高校教师在自主提升教学能力方面有所欠缺，尤其是在去学习所教专业范围以外的知识和去聆听其他经验丰富的教师授课这两方面。以非个人兴趣为择业观的高校教师在学习所教专业范围以外的知识、聆听其他经验丰富教师讲课、和其他教师一起探讨交流教学中遇到的问题等方面不如以个人兴趣为择业观的高校教师强烈，由此可以说明，自身的兴趣对于高校教师是否愿意主动提升教学能力也是非常重要的。而教师自主提升教学能力方面有所欠缺的原因也是多种多样的，有的是因为自身兴趣，有的是因为重视科研轻视教学等，这些原因都会导致教师不重视教学。如果教师缺乏自主提升教学能力的意识，则会对教学本身缺乏研究，比如教师对自身专业知识的更新、教育与教学心理学知识的掌握抑或是教学方法的使用等方面不够重视。久而久之，不利于教师的发展。

2. 教育教学理论基础的系统掌握

高校教师不仅要掌握所教课程的专业知识，同时也要学习和掌握教育学和教育心理学相关知识。无论是教育学还是教育心理学，都有其自己的专业性。教育有着自身的发展规律，教师在课堂教学中有教学的规律，而学生学习也是有规律的。所以只有当教师发现并且学习这种规律后才能更好地去教学。教师要系统地掌握教学理论基础知识。由于部分高校教师不是师范专业毕业，缺少对教育学和教育心理学的知识的学习，大部分教师在当大学教师前只是按照学校要求通过网络课堂视频学习教育学与教育心理学相关知识，通过这种方式的学习还是不够的，还是应该通过现场真人授课的方式进行学习。教师应该系统地学习教育学与教育心理学相关知识，并且对相关知识能够很好地掌握，最后也能更好地将知识应用到课堂中。一般而言，大学中会有针对高校教师的教育学和教育心理学相关的培训，既有网络学习，也有现场学习，但是部分教师对此都不是很重视，网络学习过程中一边电脑播放视频，一边做其他事情，现场学习也是心不在焉，即使进行了学习，也达不到学习效果。如果教师缺乏相关的教育学与教育心理学的知识，将会导致教师的教学能力有所欠缺，尽管教师本身有着丰富的专业知识，但是没办法通过有效的方法对学生进行传授，影响课堂教学的效果。

3. 良好教学环境的有意打造

教学环境主要是指师生关系和班级学习氛围，教学环境对教学活动有着全方位的影响，良好的教学环境可以使教学活动顺利进行。

首先，积极的师生关系可以加强教师和学生之间的互动，学生可以和教师进行有效的交流，激起学生的学习兴趣。还可以对教师起到激励作用，提高教学效果，教师在这种状态下可以不断提升自身教学能力①。所以教师要积极自觉地培养师生关系。相对于中小学而言，高校教师和学生的关系并没有那么密切，教师也缺乏对学生的监督。而且大学生上课没有固定的教室，大学生上完课要不就是回宿舍，要不就是去下一个教室上课，而教师要去上课或者工作原因也会急匆匆走掉，加上大学生松散的时间比较多，所以班级的观念意识不如中学时期强，导致教师和学生之间的交流不多，不利于教师和学生形成良好的师生关系。师生关系不好将会使学生对教师产生抵触心理，同时也会影响学生的课堂学习，导致学生对该课程缺乏足够的兴趣，对教师的教学积极性产生不利的影响，从而影响教师教学能力的提升。

其次，良好的班级学习氛围可以加强课堂中教师和学生之间的互动，使教师在课堂中得到学生的反馈，通过这种反馈教师可以及时了解自身的不足，加强自身的教学内容、教学方法的学习等，有助于教师教学能力的提升②。师生关系和课上的学习氛围存在显著正相关，师生关系越不好，教师课上的学习氛围就越不好，由此可以说明师生关系和课堂学习氛围有着密切的关系。而也有部分教师认为学生并没有经常在课后向教师请教问题，这样则会导致教师不容易发现学生是否听懂，教得是不是存在问题，降低了教师教学的积极性。如果教师在课堂教学中使用的教学方法有所欠缺，对课堂教学内容只是照本宣科，使学生对该科目没有兴趣，从而导致学生不愿意和教师在课堂互动，课上的学习氛围不好，课下也不向教师请教问题。这样教师在课上或者课下既无法收到学生的反馈，也无法发现自己在讲课方面的问题，也会使教师缺乏对教学的热情，导致教师不重视教学。久而久之，不利于高校教师教学能力的提高。

4. 进修培训体系的科学建立

培训作为人力资源管理的一个模块，是员工极为需要的。同理，教师作为高校的员工，教师培训对教师个人而言也意义重大。学校开展的教师培训是提升教师教学能力的重要方法。大部分从事高校教师工作的教师虽然有着丰富的专业知识，但是他们大部分并不是师范类专业毕业的，缺乏系统的师范专业的教育，在教育理论和教学实践的经验方面都有所不足。并且由于知识不断更新，教师也应该通过培训来不断地提升知识水平。所以高

---

① 张蕾．论和谐的师生关系［D］．四川：四川师范大学，2011.

② 韩向前．课堂气氛初探［J］．教育理论与实践，1986（8）：06.

校要建立科学的培训体系，通过培训来提高教师的教学能力。例如让一些经验丰富的教师或者专家为学校的教师进行授课，这样既可以学习教学理论知识，也可以学习些有关课堂教学的实践经验，以此来提升教师的教学能力，使高校教师能够更快、更好地适应高校的工作环境。

教师的培训要有效果，否则就是在浪费时间与资源。学校培训的效果也和教师参加培训的意愿存在显著正相关，即培训的效果越好，教师也越愿意去参加培训，反之则不然。显而易见，教师培训效果不理想，使教师无法掌握相关的教育理论知识、实用的教学经验以及更前沿、更有效的教学方法，同时也会降低教师参加教学培训的积极性，导致教师不愿意去参加培训，影响教师教学能力的提升。

5. 教学与科研关系的有效平衡

教学和科研是高校教师的两项重要任务，同时也是高校的两翼，无论是从学校还是从教师来看，都必须处理好教学与科研的关系①。而教学与科研的有效平衡对教师教学能力的提升非常关键。一方面，扎实的科研工作对教学质量有着很好的推进作用，有了扎实的科研知识，才能对教学进行更深入的改革，不断发现在教学中遇到的问题，引导学生接触最前沿的知识。另一方面，扎实的教学工作也是科研水平提高的基础，教师在备课和讲课过程中也要不断更新自己的知识，发现新的问题，可以为科研的选题提供新思路②。所以教学和科研是相辅相成的，教师要平衡教学和科研之间的关系。如果不能有效地平衡教学和科研，教师只注重某一方面的话，容易降低对另一方面的积极性，无法互相促进，最终影响教师教学能力的提升。

6. 学校激励管理的积极推进

学校的激励管理工作对教师的教学能力有着非常重要的影响，高校的激励管理工作是需要通过各种外部因素来满足教师的需要，从而激发教师的内部驱动力，教师才能努力提升自身水平，因为只有在满足教师需要的基础上进行激励才能达到应有的效果。根据马斯洛需求层次来看，学校的激励既应该包括最低层次的生理需求，也要包含最高层次的自我实现需求。从教师的角度来看主要包括教师的考核评价、薪酬等方面③。

教师的课堂教学评价是教师考核评价的一个非常重要的方面，教师的教学评价的结果对教师很有帮助，可以使教师更好地发现自身的问题，发挥教师的内部驱动力，更好地去提升自己。由于督导专家或同事有着丰富的教学实践经验，能从更专业的角度对授课教师的课堂教学进行评价，从而发现授课教师存在问题的根本，同时也可以给教师提供更专业

---

① 付金会，宋学锋．影响高等学校教学与科研平衡的因素分析 [J]．高等工程教育研究，2005 (6)：29.

② 候清麟，刘文良．高校教学、科研和谐发展的困惑与超越 [J]．高等工程教育研究，2012 (6)：91.

③ 鲁武霞．高校教师激励机制创新研究 [J]．教育理论与实践，2011 (3)：50−52.

的建议。学生作为课堂教学中的主体，通过一个学期的学习，参与了完整的教学过程，对授课教师的课堂教学感触最深，所以他们最有发言权，再加上大学生已经成年，有了基本的判断标准，对授课教师的课堂教学评价有很强的参考依据，学生的课堂评价结果也更能反映出教师在课堂教学中存在的问题，从而可以使教师根据教学评价对自己的课堂教学进行改进。但是也会有部分学生对这一环节并不够重视，他们认为评教只是一个负担，只想尽快评教后进行选课，所以评教的时候只追求速度，并不会认真地评价，导致结果并不是很准确，无法真实地反映出教师在课堂教学中存在的问题，不利于教师教学能力的提升。

从薪酬方面来看，高校给教师发放的教学津贴属于教师薪酬的一个部分，而教学津贴对教师也有着极其重要的影响，对教师的教学工作起到很强的激励作用。通过发放教学津贴可以使教师产出一种外部动机，提高教师对教学的重视程度，努力提升自己的教学能力。高校教师在生活上的压力非常大，加上教师的工资也不是很高，无论是物价、房价，都会给教师带来很大的负担。如果教学津贴过少则会使高校教师把工作重点放在其他方面，比如科研，或者是校外的兼职等报酬相对高的地方，无法使教师安心教学，更不重视提升自身的教学能力。

二、基于信息化视角高校教师教学能力存在的主要问题与原因分析

（一）高校教师信息化教学能力存在的问题

持续输送高素质人才的前提是拥有一支结构合理、专业素养高、顺应社会发展、适应实际需求的教师队伍。然而长期以来，特别是高校大规模开启人才引进计划以来，各校将主要精力与财力投入到高端人才的引进中，随着“抢人才战”愈演愈烈，更多高校将高端人才与高水平科研成果数量的快速增长作为发展的主要目标。与此同时，教学相关的人员与经费投入减少，教学质量呈下滑趋势。2018 年以来，国家明确要求把工作重心重新恢复到本科生教学中，随后出台若干配套文件，并推出更多类型的教学竞赛、教研课题及教学平台建设项目等，鼓励教师聚焦人才培养，转变教育教学理念、加大教学创新力度、提高教学研究能力、提升协同育人实效。

目前来看，高校以教学为第一职能的观点得到更大范围内的认同与强化。但整体来看，部分高校教师教学理念守旧、教学内容陈旧、教学方法单一、教学效果差强人意，对自身教学能力、课程建设与人才培养的内在关联缺乏深入思考与实践，高校教师教学能力主要存在以下问题：

1. 缺乏重构教学内容的能力

教学内容是教学实践中教师有意传递的信息，包括预设性教学内容与生成性教学内容。前者是教学活动开展前已经明晰的内容，后者是在教学活动中，由于师生或生生之间

的有效互动而生成的新内容。

绝大部分教师对教学内容的理解停留在预设层面，认为教学内容即课前准备好的、课堂上需要讲解的知识，包括基础知识与重难点知识。这些知识主要来自于教材教参，归根结底，均是已有知识或已有知识的简单整合。已有知识支撑着当前高校课堂教学的开展，而课堂沿用100多年前形成的班级制，教室多为排排座的格局，教师往往是课堂的中心，着重发挥知识传播的功能，面对一届又一届学生专心传授着已有知识。当前，信息技术让知识随时随地可获取，学生将不再崇拜处于课堂中心的教师。在这种情况下，如果教师依然限于教材单纯地进行知识讲解，课堂将变得了无生趣。

对教学内容进行重构，意味着要关注学生已有知识和经验，并以教材为本，融入学科前沿、实务热点及思政元素等，继而创造性地使用教材，这对教师自身的专业知识储备及全面素养提出了挑战。

总体而言，新时代背景下，受限于自身认知与能力，绝大部分高校教师未能重新审视教学环境、精准把握学情、关注社会发展，继而从教育教学的政策要求、从学生成长成才的实际诉求、从社会经济发展与行业对人才需求的实际出发进行教学内容重构。

2. 缺少创新教学方法的能力

课堂教学比较常见的方法有讲授法、讨论法、直观演示法、练习法、读书指导法、任务驱动法、参观教学法、现场教学法等。近年来，随着信息技术的发展及其在教学中的运用常态化，衍生出一些新的教学方式，如情景模拟、翻转课堂等。此外，启发式微讲座、问题导向教学法、案例教学法、专题研讨、研究导向型教学等教学方法也受到更多关注与实践。

尽管理论上来看，教学方法如此丰富，但教学实践中真正被广为运用的并不多。创新教学方法，意味着教师能够在界定教学内容与重难点的基础上，有针对性地选择合适的方法开展教学活动，从而提升学生的参与度与获得感。由于仍有部分教师未能对知识点难易程度进行有效区分、未准确了解学生的既有经验与诉求、缺乏持续改进教学效果的主观意识，部分教师教学方法单一，创新教学方法的能力亟待加强。

3. 欠缺科学评价教学的能力

教学评价主要包括教学过程的评价、教学活动的评价与教学效果的评价。

绝大部分教师将教学评价片面地理解为教学效果评价，忽略了对教学过程及具体活动的评价。同时，简单地认为教学效果评价即考查学生在学习之后知识点掌握的情况，唯分数论，未能充分反思教学活动对学生产生的更为宽广、更为持久的影响，也未综合评价教学活动对教师自身及课程本身产生的影响，更未探究教学活动对专业发展及相关行业发展的积极意义。

师生是教学活动中最为重要的主体，教师作为教学活动的主导者发挥着重要作用，其专业素养与综合能力是否得到提升理应是教学评价的重要内容。教师对教学评价的认知深刻影响着其教学理念、教学投入与教学实效。从目前情况来看，教学评价的主体与内容都迫切需要创新。

受传统教学理念、教学内容设计思路、教学方法及教学评价体系影响，高校教师教学能力整体亟待提升。而要提升知识讲解、教学组织、教学研究与价值塑造等能力，教师首先要弄清为什么教、教什么、怎么教、教得如何，需要反思并革新教学理念，需要结合社会对专业人才的需求及信息化时代大学生的特征重构教学内容，需要研究并实践更高效的教学方法，需要完善融合过程性与终结性测评的多主体评价体系。

（二）高校教师教学信息能力存在问题的因素分析

1. 教师层面的因素

在信息化的高速发展下，大部分教师已经具备信息化教学的意识和态度，但也有一部分教师对信息化教学的有效性存在质疑，对利用信息技术手段进行教学存在抵触心理。在信息化教学知识与技能方面，教师对常用的办公软件及网络教学资源的检索操作熟练，但在音频、视频、动画、网页制作等方面存在不足；在信息化教学设计与实施方面，部分教师能对信息化教学资源根据课程需要进行加工，但也有一部分教师仅将信息化设备作为技术支持，没有与课程进行深度融合。教师层面影响高校教师信息化教学能力发展的因素分析如下：

首先，高校部分教师对信息化教学能力内涵理解不到位。关于信息化教学能力的内涵，很多高校教师的认识尚停留在简单的利用信息技术的层面，导致信息化教学和利用信息技术进行教学划等号。实际上，信息化教学能力的内涵不仅包括信息技术相关知识和学科知识，最重要的是还包括针对不同学科的信息化教学技术知识，即信息技术与课程整合的相关知识。因此，对于高校教师而言，完善自身关于信息化教学的知识结构是提升其信息化教学的重要前提。

其次，教师自身水平有限，信息化教学能力受阻。虽然高校配备了新仪器和新设备，但教师在进行教学设计、课堂交流互动上使用的信息化教学手段单一，过多依赖多媒体授课，不能或者很少结合 MOOC、微课和翻转课堂等开展教学。同时，由于教师自身水平有限，信息化教学实践中不能很好地将信息技术与课程进行深度融合，学科性不明显。

最后，信息化教学需求不明确，缺乏内在动力。教师个人发展的主动性和能动性是影响教师进行信息化教学的主要因素。而很多教师不明确开展信息化教学的内在需要，从众采用当下流行的信息技术手段，没有将对信息化教学的认识从社会领域逐步转移到自己的专业特色领域，从自身需求出发挖掘内在动力，积极探索信息化手段在教学中的重要作用。这表明，高校要提升教师信息化教学能力，首先要激发教师进行信息化教学的内在动力。

2. 学校层面的因素

教师普遍认为影响自身信息化教学能力的一个重要因素是学校缺乏激励机制。这也是学校信息化教学设备充分，但利用率不高的内在原因。学校相关信息化教学激励政策缺失，导致教师缺乏动力和热情；现有培训内容与新教师“专业”发展需求不一致也是影响教师提升信息化教学能力的因素之一。学校层面影响高校教师信息化教学能力发展的因素分析如下：

首先，高校“重”硬件环境“轻”软件环境。一方面，大部分高校非常重视信息化教学设备设施等硬件环境的建设，在资源方面会有较多投入。但另一方面，对于信息化设施和资源的有效利用率不高成为教师信息化教学能力提升的阻碍因素。随着高校对信息化教学投入的加大，硬件环境日渐成熟，软件环境（包括教学资源库、网络教学平台、信息化教学管理系统等）的进一步建设显得尤为重要。

其次，高校缺乏制度引导，教师信息化教学动力不足。教学和科研是高校发展的支柱，也是高校立足的基础。如何平衡二者关系、实现利益最大化，是高校教师普遍关注的问题。大部分高校重科研、轻教学的环境导致教师在时间投入中把科研置于第一位，用于教学的时间相对较少，信息化教学能力在这样的情况下很难得以提升。因此，高校应该制定合理的评估和晋职体系，对高校教师的信息化教学能力发展起到积极、正面的引导作用。

最后，高校培训模式单一，效果不明显。对于提升教师的信息化教学能力，高校采用最多的发展模式是培训，包括校外培训和校本培训等。从培训内容上看，大部分针对教师信息化的培训重视应用忽视理论学习，教师往往缺乏信息技术与课程的深度整合能力；从培训方式上看，大多数高校采用会议面授的形式，对提升教师软硬件操作能力作用不大；从培训时间上看，教师接受培训时间间隔长，且单次培训时间短。

第二章　高校教师教育能力培养

第一节　教师教育信息化能力培养概念

一、概念界定

（一）教育技术

教育技术属于教育学范畴下的教育学科，其研究对象是如何通过合理技术的运用来提升教育教学的质量和水平，以及开发教育教学相关的资源与程序。这里所说的技术，既包括各种新的教学相关信息技术，也包括教师运用的方法、智慧等智能技术。所以说信息技术的使用仅仅是教师教育技术的一个呈现方式，信息技术应用能力也不能完全代表教师的教育技术水平。综上，教育技术既包括教学相关的信息技术相关实践工具的使用，教师在教育教学中也包括采用手段方法等对教与学过程进行的设计与管理、开放与运用等。即教育技术指运用各种理论及技术，通过对教与学过程及相关资源的设计、开发、利用、管理和评价，实现教育教学优化的理论与实践。

（二）教师教育技术能力

教师教育技术能力是指教师在教育教学过程中合理运用各种理论及技术，通过对备课、教学、练习及评价过程中相关资源的设计开发和利用，实现教育教学过程最优化，教学效益最大化的能力。

1. 技术基础维度

主要涵盖教育信息化基础设施方面的指标，如每名教师拥有教学用终端数量、教师教学用终端中移动终端的占比、教师教学常用的技术工具类型、教师教学常用的软硬件系统平台、教师在教学设计能综合考虑多方面因素等。

2. 教学实践维度

主要涵盖教师运用理论及技术教学实践与应用方面的指标，如教师指导学生使用信息通讯技术（ICT）进行交互学习的课时比例，教师在教学环节中常用的数字教学资源类型，教师引导学生树立正确合理的信息社会责任意识、遵守信息社会法律法规，教师指导学生使用创新实验室进行学习的课时比例、教师综合实践类课程授课密度，教师能够对教学过程中可能出现的技术问题进行预估并制订应对方案，教师能够应用多种方法和技术开展教学评价等。

3. 专业发展维度

主要涵盖教师专业发展信息化方面的指标，如教师通过多种方式与途径进行自主学习、教师积极参加各级教育信息化相关研修、教师通过信息化的方式开展家校互动、教师积极反馈对信息化建设的建议与需求，参与学校信息化建设等。

（三）信息化教学能力

信息化教学能力是指在信息时代下教师采用信息技术进行教学的能力，主要是指教师运用多种信息技术和工具辅助教育教学的能力。学者胡晓勇和祝智庭认为信息化教学能力主要体现在：教师会用数字化和信息技术开展有效的教与学，能够利用信息技术进行合作与创造，成为信息化形态下的终身学习者的能力①。

（四）信息素养

信息素养是1974年最早由美国学者提出的，认为信息素养是“利用多种信息工具及主要信息资源使问题得到解答的技术和技能”。教师作为培养学生信息素养的第一责任人，其也应该具备一定的信息素养。教师具备的信息素养在涵盖学生的四个信息素养维度的基础上还应该包括教师利用信息意识规划开展教学的能力、教师在教育技术学过程中能够运用多种信息手段及工具进行教学的能力，教师在课前、课中、课后合理运用多种媒体、手段、方法进行教与学过程的优化的能力等。同时学者李艺认为，信息素养包括信息意识、信息知识、信息道德和信息能力。② 其中信息能力是整个信息素养的核心部分，而教师信息素养中的信息能力也是核心部分。因此信息素养也可认为是指教师在教育教学过程中合理运用各种物理及智能技术对信息及资源进行加工、获取、传递、评价的能力。

二、教师教育信息化能力的理论基础

（一）教育传播理论

随着网络时代的不断更新，计算机网络和多媒体技术的发展使得我国高等院校教育传播的要素、教育传播的途径、教育传播的过程与模式、教育传播的环境都发生了巨大的变

① 胡小勇，祝智庭．信息化视野中的教师教育［J］．中国电化教育，2003（6）：25－27.

② 陈维维，李艺．信息素养的内涵、层次及培养［J］．电化教育研究，2002（11）：7－9.

革。[①] 新媒体技术不断发展，教育传播进入网络传播时代，在线教学正是利用现代化、多样化的传播媒介开展师生交流与互动，如卫星电视、计算机网络系统、移动通讯系统等。

在线教学本就是一个复杂的信息传递和交流的过程，高校教师作为教育传播者，是学生学习的引导者，课堂教学的调控者；高校学习者作为教育传播中的受教育者，是教育信息的接收者；在线教育传播过程是高校教师利用互联网媒介向学习者传递与交互教学资源、教学内容等教育信息的过程；在线教育传播环境是师生通过互联网共同营造的随时随地可学的网络教学环境。即“互联网＋教育”环境下的教育传播方式是高校教师以培养综合型人才为目的，根据教学计划、教学大纲确定学生学习目标，通过互联网传播通道面向高校学习者开展远距离的在线教学。

（二）TPACK 理论

TPACK 理论又称整合技术的学科教学知识，定义为“整合技术的教师知识的框架”，“学科内容、教学法和技术”三种知识的相互融合。[②] 即“学科内容、教学法和技术这三个知识要素，相互交互形成四种新知识，即学科教学知识、整合技术的学科内容知识、整合技术的教学法知识和整合技术的学科教学知识”；TPACK 理论强调，“教师是教学改革的积极参与者，课堂教学的设计者、实施者；在教学过程中教师应起引导和监控作用”。[③]

在在线教学中推广和应用 TPACK 理论，离不开在线教师的参与，TPACK 所倡导的学科内容知识、教学法知识和技术知识三者充分融合所形成的四种新知识，正是我们现代化教学改革、现代信息化教育发展教师所正需要的知识技能，TPACK 中教师的角色定位与在线教学过程中教师占据主导地位相符合。TPACK 理论对高校教师在线教学能力培养要素的构建具有重要的指导和借鉴意义。

第二节　教师教育信息化能力培养内容

一、教育现代化发展对高校教师能力的要求

（一）牢记社会职责，传承民族精神

古之学者必有师。教育是民族振兴的基石，高校教师作为教学中的引导者，其教学行

① 李运林．教育传播研究：重要性与新领域［J］．电化教育研究，2009（03）：5－11.

② 全美教师教育学院协会创新与技术委员会．整合技术的学科教学知识：教育者手册［M］．任太群，詹艺主译，北京：教育科学出版社，2011.

③ 何克抗．TPACK——美国“信息技术与课程整合”途径与方法研究的新发展（下）［J］．电化教育研究，2012，33（06）：47－56.

为直接影响到学生的学习与发展。教育的根本任务是立德树人，立学生之德，使其博学之，明辨之，遵纪守法，重礼守节；也要立教师之德，除教学中的师德，还有个人的品德，规范自身的一言一行，从各方面为学生树立榜样。在当前背景下，高校教师不仅要传道、授业、解惑，还要重视自身角色的社会职责，树立现代化师德，爱岗敬业。在教学工作中除课堂知识，还要融入民族精神和道德品格，充分发挥民族工匠的职能，促进学生形成以爱国主义为核心的价值观念，使民族血液永远流淌，生生不息。

（二）强化专业能力，提升多项素质

教育现代化的演变对高校教师的专业水平和业务能力提出了更高的要求，高校教师既要有春蚕吐丝的奉献精神，又要有术业专攻的钻研态度。作为职业教育的重要领路人，高校教师须具备扎实的专业理论知识和教育学知识，同时具有较高的文化素养，对其他专业的知识也有所了解，以先进的教育理念进行教学。随着社会的发展，产业融合趋势愈发显著，高校各专业知识之间具有共通之处，也有相对重合的部分。要使学生充分理解该知识与本专业的联系以及与其他专业的关系，就要求教师对本专业的知识理论脉络掌握得深刻且透彻，能帮助学生理清知识架构，区分不同专业的知识内涵，并了解其中的关系。同时教师要保持终身学习的态度，不断接收专业领域内的新知识，加强对外交流与实践，使自身专业水平随时间变化而不断提高，紧跟时代步伐。

（三）把握现代化教学理念，贯彻现代化教学模式

当前教育理念要求以学生为本，重视学生的主体性与生命性，结合学科特色加强课程思政的建设。高校教师要关心每个学生的学习发展和心理健康，尊重学生的想法和情感，根据学生的情况因材施教。这一教学理念有利于师生之间平等关系的构建，营造活跃且和谐的课堂氛围，促进师生情感。根据学科特色深入挖掘课程中的思政元素，与专业知识有机地融合统一，将课程思政贯彻整个专业教学计划中，使学生在学习专业技能的同时提高思政意识，为党、为国、为社会主义培养人才。

21 世纪以来，高新技术日新月异，在教育中的地位亦举足轻重，高校教师应采用多样化的教学方法，结合自身教学经验，促进形成多元化的教学模式，最大限度提高教学水平，贯彻现代化教学模式。

二、教育信息化能力的优势与特点

（一）教育信息化能力的优势

1. 信息化教学设计能力

信息化教学设计能力是指高校教师能够运用信息科学技术有效开展教学设计的能力。

具体而言，主要体现在教师能够以教与学的理论为指导，使用信息化手段开展教学设计，精心设计教学过程及其教学环节，实现教学资源配置的优化和整合；同时，教师能够充分、恰当地利用现代信息技术和教育资源，帮助学生实现学习目标，达到学习效果。信息化教学设计是信息技术时代新型教学活动的实践依据和理论指南。

2. 信息化教学整合能力

信息化教学整合能力是指高校教师将信息科学技术有效融合于教学过程中，进而促进教与学过程有效融合提升的能力。信息化教学整合能力侧重于运用信息科学技术探索教学方法、教学方式的创新与变革，在课程教学过程中把教学技术、教学资源、教学方法和信息科学技术有机结合，进而有效完成课程教学目标的新型教学方式。在信息化教学整合过程中，教师的主导地位与学生的主体地位都得到深化和体现，从而辅助教学过程中的教学相长。

3. 信息化教学实施能力

信息化教学实施能力是指高校教师运用信息教育技术设备，对教与学的过程进行有效管理的能力。信息化教学实施能力是一种系统性的教育教学能力，教师依托信息教育平台创建丰富的教学资源，通过在线教学满足学生个性化的需求。在信息化教学实施过程中，更注重教师运用信息科学技术协作学生开展学习与探究活动，关注学生学习问题的解决，以促进实现教师帮助学生共同完成学习任务的目标。

4. 信息化教学评价能力

信息化教学评价能力是指高校教师能够充分运用信息科学技术手段，根据前期设计的教学目标开展过程性评价和综合性评价的能力。信息化教学评价的目标是通过新型信息化技术手段的介入，以 OBE 教育评价理念为核心，以学生为中心，以成果导向为基础，以持续改进为目标，通过信息技术手段收集教学数据并开展统计分析，进而多元维度构建信息化的课程评价综合考核体系，确保教师教学过程诊断及教学效果评价的客观性和科学性。

5. 信息化教学研究能力

信息化教学研究能力是指高校教师能够运用信息科学技术手段开展教学研究的能力。信息化教学研究贯穿于整个教学活动的全周期，通过信息化教学研究能力的提升，可以为高校教师应对日益复杂的教学环境提供有效的解决途径，也能为高校教师适应智慧教学时代的教育模式改革诉求提供有效的理论参考和实践依据，是保障教学活动取得最优绩效的重要支撑。

（二）教育信息化能力的特点

1. 信息化教学能力具有动态发展性

信息化教学能力是新时代高校教师需要掌握的一种新型教育模式。智慧教学时代的传授技能日益丰富和多元，要求教师在教学实施过程中保持知识的与时俱进，以确保其能进一步推进教学内容更新、教学资源储备和教学技术体系的日益优化和完善。

2. 信息化教学能力具有知识融合性

信息化教学能力中的每一项知识体系具有较强的独立性，不是某一项教学知识、传授方法和应对技能的机械叠加，每一项知识体系之间同时又是紧密相连的，而且整合技术的学科教学知识恰恰重视此类信息在特殊条件下的化学结合效应，即知识之间的有效融合性。

3. 信息化教学能力具有概念整合性

信息化教学能力是一个具有概念整合性的复合概念，其复杂的系统性有助于教授者形成特定的思维方式和教育模式，有助于教师在准备教案或是构思课堂讲授时，更好地获得资源和整合，指引教师重视授课知识、授课手段和讲授技巧之间的密切联系和有效互动。

4. 信息化教学能力具有操作灵活性

信息化教学能力整个体系内容丰富又彼此密切相关，体现出一种“复杂又紧密”的系统形态。“大智移云”时代高校教师在知识传授的实践中，需要结合自身教学内容分析处理，不能简单地机械化操作，要灵活地应对不同的教学过程，具有操作的灵活性。

5. 信息化教学能力具有实践创新性

信息化教学能力服务于教学实践创新，集中体现教学情景下教学法、特定学科内容与信息技术之间的系统性关系，教师在教学实践中依据理论情景推演出教学问题的解决路径，并在实践中验证理论知识，通过实践创新的形式不断淬炼并提升自己的教学技能和学科知识。

三、教育信息化发展的必然趋势

（一）教学资源变革：从“平面资源”向“虚实交互资源”转变

新一代信息技术融入课堂教学，促使多媒体化、网络化、虚拟化、智能化的信息技术促进物理世界与数字世界的时空融合，学习资源更加多样化、非线性、立体化、情景化。

在教学资源方面，从“平面”资源向虚拟现实、人工智能等技术支持下真实与虚拟相融合的资源转变，实现沉浸式情境学习以及学生与资源的五官感触一体交互；人工智能等技术正在推动教育资源向智能化、虚实融合方向发展，为学习者营造更加具有真实性、体验性、交互性的学习环境。教师通过智能技术将学习内容以图片、视频、游戏、虚实仿真资源等形式传递给学习者，使抽象的文字或听觉信息拓展到全感官感受的信息，促进学生的深度认知。另外，教师在资源获取与交流沟通、个性化资源推送、学习分析、智能诊断等技术支持下，纸质教材、电子教材、MOOC 课程、技术工具、远程教学视频、数字教学案例等多样化教学资源并存，在这些资源的支撑下，教学方式将发生颠覆性的变化。①

（二）教学方法的变革：从“技术导向”向“学习导向”转变

近十几年来教育信息化发展突飞猛进，教师应用信息技术开展教学的意识逐渐提高。然而，有部分教师依旧将信息技术作为服务传统教育的“外在影响因素”，仍然没有脱离传统教育的理念，无法将其作为教育变革的“内生变量”，在教育实践中依旧无法脱离传统教育模式。②

在教育信息化时代下，强调信息技术与教育教学的融合创新，需要教师创新技术支持的教与学方式，倡导应用信息技术支持开展探究性学习、自主学习、协作学习、项目学习，探索新时代下以学生为中心的学习模式创新。这就需要学法指导由“技术导向”向“学习导向”转变，学习者不是学习技术，而是通过技术来学习。需要注意的是：第一，通过人工智能、大数据、学习分析、个性化学习工具等技术平台，教师能够科学有效地分析学生的学习行为数据，并为教与学提供针对性反馈，从而为个性化学习提供依据。第二，要求课堂应从“控制学生的学”到“激发学生的学”转变，发挥学生学习主动性，赋权学生自主选择开展技术支持下学习成果展示、协作交流、个性化反思等活动。第三，教师应为学生创造真实的学习活动体验，引导学生应用信息技术进行创造性问题解决以及支持学生创造性学习与表达。

（三）评价模式的变革：从“经验评价”向“大数据评价”转变

在教育教学中，评价是对学习活动的过程及结果进行测量、检测、评定的过程，是为验证学习者的学习成效。试卷作为评价的重要方式之一，然而这种评价方式往往只是单一地测评学生知识的掌握情况，对于学生核心素养和高阶思维的发展情况就不得而知。因此，应推进评价模式从“经验评价”向“大数据评价”转变，以数据为导向的评价将在评价依据上发生显著变革。

评价依据从“主观经验”到“数据驱动”转变。主观性诊断往往存在误判且费时费

---

① 张伟平，陈梦婷，赵晓娜，白雪．教育信息化 2.0 时代课堂教学新生态的构建［J］．苏州大学学报（教育科学版），2020（1）：9－17.

② 周晓清，汪晓东，刘鲜．从“技术导向”到“学习导向”——信息技术支持的学与教变革国际发展新动向［J］．远程教育杂志，2014（3）：13－22.

力，与其相对的是在大数据、学习分析、人工智能等技术支持下跟踪、记录学生线上线下学习行为及过程的数据，并对其进行统计分析、模型构建、可视化呈现等，从而对学生进行问题诊断和发展预测。从知识技能、高阶思维、情感态度、动手实践能力等方面真实反映，为教学评价提供科学、有效的依据，为学生制订个性化学习方案与推荐学习资源。另外，数据的收集也仅仅来源于单一的“试卷成绩”。唯“成绩论”将不再符合当前人才培养的评判标准，技术支持下的评价将从“单一知识衡量”向“多元化素质评价”转变，注重技能、能力、情感等方面的综合评测，其中也包括问题解决能力、创新能力、协作能力、批判性能力等能力的测量。随着信息技术的发展，智能技术为数据的无缝、及时的数据收集提供有力工具，这为学生综合素质及能力的评估提供了科学有效的依据。

（四）学科内容的变革：从“单学科学习”向“跨学科学习”转变

拥有专业的学科知识是教师专业化的基础，也是教师开展教学的前提。在舒尔曼的论述中，PCK 知识中学科知识是核心。作为未来的高素质教师，其较高的专业学科知识必不可少。另外，由于社会的发展及学习者面对的问题越来越复杂，需要综合应用多学科知识来解决问题。而近几年出现的 STEM 教育、跨学科课程整合及教学也印证了这一点。

因此，教师需要具备“跨学科”的知识，且在掌握本专业学科理论、概念、观点的基础上，还需要具备“跨学科思维”。能够运用两种或两种以上的学科知识及跨学科观念，开展跨学科课程的融合和授课。掌握其他学科的基本知识与技能，设计具有“跨学科”性质的主题任务。同时，在技术赋能下，教师应该引导学生用信息技术进行创造性学习与表达，促进学习者创新能力的提升。最后，教师也应具有提升自身学科知识的意识，更新知识体系，增大跨学科知识的贮备。

四、教育信息化的教学能力构成

随着移动互联、人工智能、大数据等多媒体技术与教育教学的深度融合，对高校教师的教学能力提出了更高的要求和挑战。

（一）教学认知能力

信息化环境下的教师的教学认知能力是指教师以课堂教学系统当作感知对象，不断地创构新的感知因式，自发性地感知与反省课堂教学系统的特征及基本要素相互之间的关系，领会和归纳课程的定理原则和定义，洞察和掌握学生学习心理，深入掌握所采取的教学方法的能力。具体而言，这种能力体现着教师对教学目标、教学资源、学习者特征的综合分析判断。信息化环境下的教学认知能力直接影响着教师对所教课程内容的选择与剖析，对知识点的合理组织与表达方法，是教师提升教学效果的重要前提条件，也是教师教学能力的重要组成成分，信息化环境下的教学认知能力是教师在长期课堂教学过程中所创生出的理论知识和实践知识的积累，并且在此基础上孕育出的合理地组织教育教学活动的能力。

1. 对教学目标的理解力

教育目标、课程目标是具体学科教学目标设计指导性基础，同时学科教学目标则是课程目标、教育目标的具体反映，三种不同的目标间相互作用、多向承接、相互渗透。在教育实践中，课程目标要符合人才培养的基本要求和趋势。但是，教育目标的达成却需要借助于各种具体的教育课程目标、专业教学总体目标进行实现。如果教育目标与学科教学目标原则相背离，教师们即使做出了许多努力，课堂教学效果也难以获得实质性的提升。所以，对教师来说，如何正确掌握课程培养要求，在组织课堂教学中保持正确引导，适切性地创设与实现课堂教学目标，让教学活动对学生的发展和形成发挥积极影响，是评价教师教学认知能力水平的关键因素。

2. 对教学资源的分析力

对教学资源的分析力是指教师须深入剖析教学资源，包括教学课程、教辅资源等的特征、影响因素及成分构成。信息化时代网络技术的日趋发达，大大拓宽了信息资源获取渠道，信息资源的获取、传播变得十分简单快捷。同样的，信息化时代的教学资源也不再拘囿于传统纸质教学资源。信息化环境下的教学资源凸显了信息的丰富、形态的多元和价值的多样。这就要求教师们要认识并掌握教学资源自身的结构特征和外在的形态特点，在课堂教学中合理使用好各种教学资源，并根据学校实际灵活运用，最大限度地充分发挥各类教学资源的功能。教师应当以利用好资源、超越资源，创新地、主动地利用好教学资源，让教学资源更好地为促进学校的发展服务为目标与要求，对教学资源实行求质剖析、结果剖析、说明剖析和全面剖析，通过透彻地了解后筛选出来教学资源，以便开展更专业的高效教学，以适应学生学习与发展需求①。

3. 对教学对象的知觉力

因为教师们对教学对象（即学习者）的实际状况不甚了解，而导致他们无法更好地开展教学，导致课堂效果不好的情况也并不鲜见，尽管教师对学科的导向是合理的，对教学模式与手段也作了细致的规划，但成效仍不理想。“知己知彼，百战不殆”，教师首先要对教学对象的自身情况、身体心理发展水平、家庭教育情况和社会关系的发展背景等方面作出较全面的认识，而教师也只有通过对教学对象状况作出全方位的、整体性地的理解、认识和掌握，才能提高课堂教学方案设计的客观性、可行性和针对性，以便更好地顺利完成课堂教学任务，从而提升课堂效果。

---

① 张佳妮．高校教师教学能力发展研究［D］．广州：华南理工大学，2014.

（二）教学设计能力

课堂教学设计能力是教师们所应该掌握的基本能力之一，随着现代信息化环境下对课堂教学设计能力提出了全新的需求，即教师们要能设计基于现代信息化环境下的协作学习策略、设计基于网络资源与工具下的教学任务、根据学习者在信息化环境下的心理特征设定教学目标以及运用计算机技术下的智能优势对教学中存在的问题作出判断等能力。此外，将现代技术引入课堂，也突破了原有课堂中的师生二极格局关系，将媒体、教师和学生形成了课堂教学中的三极，并由此引发了对原有课堂方式的改变，如何让学生们真正成为课堂的参与者、教师成为帮助他们解决困难与问题的引路人与咨询者，并要求教师们能够创设全新的教学方法，开展更高效的教学过程，从而帮助他们更有效地掌握知识、培养思想、开发创新能力。

1. 借助网络课程资源合理设计教学内容

在网络上获得的教学资源，如何在课堂中进行合理的使用，通常还要求教师必须具备相应的资源整合能力去设计教学内容。这种能力主要涉及资源的甄别、整合和运用三方面：资源甄别能力，即教师可以在大量的资料中剔除无关资料，并作出价值评估，如资料的好坏、真伪、质量好坏等，最后选出课堂上所需的新资料；资源综合能力，即教师可以将其他人的资料加以改造、加工、整合，从而形成一种为自己个性化课堂所需的新资料。一个资源整合能力较强的教师，可以在分类、甄别其他资料的基础上，汲取优势，并将之整合到自身资源构建框架和系统当中，为自身的教学服务；网络资源运用能力，即教师可以把教学资源用作创造教育情景、化解教育困惑、提供演练平台、检验课堂教学等的运用教育技术手段、工具和环境的能力。而整合教学资源的主要目的就是设计教学内容，合理设计教学内容既是教学中资源价值的主要实现渠道，又是资源整合的重要航标。

2. 利用信息化技术革新教学模式

以互联网为核心的现代信息技术与教学的深度融合，使得教学模式发生了深刻的变化，主要体现在教学内容、教学手段、教学时间及教学评价等都发生了变化，同样的，对教师的教学能力也提出了相应的变化。信息化时代下的新型教学模式更突出以学生为中心的发展理念，为了每一位学生的学习、学习效果和学生发展。为贯彻学生为主体、教师为主导的教学理念，充分发挥学生学习的积极主动性，教师要做到根据教学目标、教学对象的特点、教学内容的特点，选择恰当的教学方式的同时能够结合互联网信息技术创新教学方法，合理运用探究式、讨论式、合作学习、混合式、项目式等教学方法，实施翻转课堂、对分课堂、一对一教学等新型教学模式，让学生真正成为课堂中心。

同样的，信息化技术也革新了教学评价，有助于教师更好地进行教学反思。信息化环境下教师可以通过教学平台借助云计算、大数据等新兴技术或者通过计算机、多媒体等实时监控并全面记录自己的课堂教学过程，依据每位教师在教学过程中教学目标的达成情况、教学实施情况、运用的教学方式与技术手段、学生的学习效果等数据，为每位教师生成数据画像，形成教师个体的教学报告，基于数据分析的全过程，教学报告可以帮助教师多维度、多层次地反思教学，发现自己在教学中的不足之处，有助于改进教学，提升教学效果。

（三）教学调控能力

信息化环境下教师是指在信息化环境下教师在课程实施阶段的能力要求，包括利用大数据反馈教学信息的能力、根据反馈信息调控教学进程能力和网络环境下课堂管理能力。

1. 利用大数据反馈教学信息的能力

信息化环境教师可以利用线上教学平台或者教学软件的功能借助大数据和云计算等信息技术及时收集、统计、分析学生的作业情况，及时掌握学生的学习情况。而传统的书面作业检查方式主要是教师批改查阅，效率低，而且对于一些口头作业、实际操作类型的作业教师无法及时有效地进行查验。借助信息化时代的互联网、大数据、云计算等网络技术，教师只需要在教学平台设置反馈时间及反馈形式之后，学生在一定时间段内上传照片、视频或者音频即可，教师就可以及时获得学生关于教学的真实准确的反馈信息。

2. 根据反馈信息调控教学进程的能力

利用教学平台及大数据收集到的学生的教学反馈信息，教师可以快速准确掌握学生的学习情况，这样就对接下来的教学调控提供了依据。调控教学进程的能力包括以下几个方面：适时地调整教学内容，使学生更适应教学过程，适当地变动教学程序，让学生更好地掌握学习内容，还包括合理地调整教学方法，可以依据学生的具体反馈信息采取启发式教学、问答式教学等教学方式，调动学生的积极性；还可以调整现代化教学技术的运用情况，运用 Flash、Focusky、希沃白板等软件，结合动画设计教学课件或者教学视频，总之，调整教学进程的目的就是更好地让学生接受学习内容，达到预期的课堂教学效果。

3. 课堂管理能力

信息化环境下的教师课堂管理的能力是指能够从教学需要出发，根据教学对象的特点，采取有效的措施，控制课堂教学顺利进行的能力。现代信息技术环境与课程整合的主阵地在课堂，网络环境下的课堂对学生和教师都提出了新的要求，网络课堂上对教师提出的挑战不仅有技术方面的，更多的是对学生的学习进行管理方面的。在传统的课堂教学过程中，新知识、新信息、新任务都来自于教师，黑板成为信息的主要“发布源”，因而教师和黑板是课堂关注的中心①。在这种情境中，教师比较容易控制课堂，学生的学习节奏

① 齐魏和．普通高校教师教学能力研究［D］．咸阳：西北农业科技大学，2017.

在教师的指挥下“步调一致”。而在信息化时代的课堂上，信息来源不再仅仅局限于书本、教材等纸质资料，也不局限于教师的口耳相传。生长在信息爆炸时代的学生们，有更多的渠道和途径去获取信息资料。而这些信息源可以来自于学生自己掌握的电脑、小巧便携的手机等，学习过程超越了时间和空间，教师和黑板的中心地位被彻底“摧毁”，学取代了教。在这种情况下，教师很难集中安排任务、统一指挥课堂。因此，很多教师就迫不得已地选择了“放任自流”，自主学习变成了自学，结果教学效率很差。所以，了解网络课堂的管理艺术、选择适合于信息化时代中的课堂的教学手段、真正具备网络环境下课堂的管理能力是教师必备的能力。

（四）教学评价能力

信息化环境下的教师教学评价能力，是指对教学遵循的标准多样化、手段多样化、重视教育过程的原则，把定量评估与定性评判相结合，以建立一个多元、系统、注重过程的教育评估框架，包含教和学两个方面：一方面是指教师的教学自主评价功能，另一方面是对学生学业成绩的评价能力。

1. 教师教学自我评价能力

自我评价是高等院校教师教学评价中必须倡导和注重的方法。一般而言，高等院校教师学术的独立性、自主权较强，而高等院校教师的自身评估更加真实、客观，对于提升教师的教学水平重要性也更大。教师教学自我评价能力，是指教师能否根据特定的规范对自身教学实施情况及其效果作出客观评价的能力。而教师的教学自我评价能力，也就是教师课堂的自身反省能力，具体包含了对课堂教学过程的反思、对课堂设计的反思、对教学模式的反思、对课堂控制的反思、对教学结果的反思等。

2. 对学生学习的评价能力

信息化时代的信息技术与评价整合，可以提高对学生学习评价的针对性。信息化的环境下，教师对学生学习测评方式已不再局限于传统的口头测评、笔试、考查等，而是可以具体包括如下几项：为了解学生对教师教学内容的认识与接受程度而采取日常考核的方式，如询问其他教师、检查作业、书面检查等；对考核学生实际活动中的学习能力采取作业考核的方式，如学习、实验活动，以及学习总结与实验报告；全面系统地考查学生对专业操作技能的掌握情况，采取实际操作的检验的方式；考查学生综合运用理论知识分析问题和解决问题的水平，采取上课讨论、开卷考试等方式。信息化环境下教师对学生学习的评价可以通过教学平台借助人工智能、大数据分析等新兴技术全面记录学生学习行为，比如课前预习状况、课中的活跃度、与教师的互动状况、回答问题的次数与准确度等、作业完成质量、学习水准检测等信息内容，为每位学生形成数据信息画像和个性化化学情报表，便于教师针对学生的学习情况推送学生学习资料，并进行精准化指导。通过大数据分析的全景式教学过程评估，教师可以调整作业设计，通过减量提质增效，有助于教师在多维度、多元化的评估结论后反思教学，根据学生动态的评估反馈适时调节教学进度，开展学习干预活动，以评估的针对性提高教学的实效性。

（五）恰当运用教学媒介的能力

教学媒介是课程教学内容的载体，是教学内容的呈现形式，是师生之间传递信息的工具。教师运用教学媒介的能力也在很大程度上影响着学生的学习效果。教师常用的教学媒介有口头语言、书面语言和身体语言。随着计算机技术的发达，教学技术手段也逐渐成为教师广泛使用的教学与传播媒介。教学技术手段是指高校教师传播教学信息的某种物质媒介或物质条件，包括传统的教学技术手段和现代化教学技术手段。

1. 运用常规教学手段能力

常规课堂教学手段主要是指教师在课堂中经常用到的直观教具，如黑板、粉笔等，而现代化课堂教学技术手段主要是指教师运用现代信息技术承载并传播教学信息的工具，主要由两部分构成——硬件和软件，包括无线网络、移动互联网等网络信号和电子计算机、多媒体等设施设备。硬件指与传输教学信息相互联系的所有教学机器设备设施等，如幻灯机、投影器、录音摄像机、多媒体计算机、虚拟仿真实验室、多功能放映厅、可穿戴设备等，而软件则泛指所有承载了教学信息的载体，如线上教学平台、线上教学视频、慕课、还有各类教学 APP 等。

2. 运用现代化教学手段能力

现代化教学技术手段主要是指视听工具，它比传统的教学技术手段所带来的信息量更大、所呈现的教学形式更丰富、更生动活泼，有效地补充了学习者的直接认知经验。而正确使用教学媒介技术要求教师应按照教材正确组合使用各种教学媒介，现代化教学技术手段和常规的教学技术手段融合使用，从而提高学生的学习效果；同时要能依据现代化教学内容的实际需求，熟练掌握现代化教学技术手段中各种教学设备和教学辅助软件的应用方式；在合理选取和运用现代化教学技术手段时应与讲解原理、启发学生自主思考等紧密结合在一起，以提高学生的学习效果。

（六）实践教学能力

高校毕业生的实践性能力与创新能力已成为检验地方高等教育培养教学质量的一项关键标准，越来越引起用人单位的高度关注。培育具备实践性能力和创新能力的高层次应用型人才，是当前全国各地高校的主要任务。而实验与实践教学则是锻炼提升毕业生实践性专业技能、实践性动手能力，从而提升教育教学质量的重要途径。因此，提高高校教师的实践教学能力尤为重要。信息化时代下，高校教师的实践教学能力是指高校教师利用以网络为核心的现代技术开展以生产实践为导向的操作性教学所具备的特有素养与才能的统称，主要分为实际操作教学能力、实践教学思维品质。

1. 实际操作教学能力

实际操作教学能力，即教师能够娴熟地根据规定的程序或标准完成实际操作，包括设备使用、修理、试验演示、计算机绘图、成品加工等。在课堂中通过教师的实际运用和示范的过程中训练学生的实际操作能力，提升学生实践能力。教师在实施课程时要注重结合实际，适度扩大实验课程和课时，以培养学生综合实验和设计的能力。通过引导学生参与实验和实践活动，并运用于现实的环境，使学生全面地了解并熟悉实际的操作环境，进而提升学生的实际操作能力。

2. 实践教学思维品质

实践教学思维品质，是指教师良好的实践教学思维习惯，教师以实践思想为媒介把实践操作的特点和思想传授给学生，并指导他们建立系统的实践思维习惯和素养。教师们在训练学生的实践操作技术与思想素质的同时，要注重根据学生当前的实际条件，并辅以模拟实际情境，如虚拟仿真实验室、VR 技术等使实际课程完整地进行教学，要紧紧抓住实践性与应用性两个重点，在切实提高学生的实践操作技术与思想素养的同时增强学生的实际创新能力与社会实践能力，以确保应用型人才教学的质量。

第三节　教师教育信息化能力结合 TPACK 理论的培养方向

一、TPACK 框架与高校教师信息化教学能力关系

高校教师是信息化教学发展的关键实施因素，其信息化教学能力是影响信息化教学质量的重要因素，决定着教学信息化的成效。高校教师信息化教学能力是高校教师为了完成相关教学任务，依据一定的教学目标，对教学活动进行一系列信息化设计、运行、调控与评价的能力，是在不断的信息化教学实践中逐步形成的能力。高校教师必须学会在海量信息中获取有价值的教学信息资源，将现代教育技术高效地应用于教学中，更好地将技术与教学内容融合。

高校教师信息化教学能力与 TPACK 框架关系紧密。作为三维知识的融合，TPACK 框架的基本元素和复合元素包含了信息技术、学科、教学各个维度及其交叉部分。TPACK 框架将信息技术融合于学科教学中，将信息技术知识、学科知识、教学知识有机结合，并复合成融合技术的学科教学法知识（TPACK）。信息化教学能力与 TPACK 框架有着很强的互嵌性，TPACK 为信息化教学能力提供了科学框架。因此，有必要以

TPACK 框架为基础，设计高校教师信息化教学能力结构，使信息化教学能力更加具体化。具体对应关系如下：基础知识学习维度—信息技术知识学习、教学知识学习和学科知识学习，是教师 TPACK（融合技术的学科教学知识）能力结构的基础要素。TK（技术知识）对应“技术能力”；PK（教学知识）对应“教学能力”；CK（学科知识）对应“学科能力”；PCK（学科教学知识）对应“学科教学能力”；TCK（融合技术的学科知识）对应“融合技术的学科能力”；TPK（融合技术的教学知识）对应“融合技术的教学能力”；TPACK（融合技术的学科教学知识）对应“融合技术的学科教学能力”。因此，TPACK 框架作为信息时代教师的新型知识结构，为深刻理解信息技术与教师知识之间的关系提供了新方向。“基于 TPACK 基础的信息技术与学科整合，它不仅是一种全新的教学知识，未来也会成为一种将技术整合到其他学科教学过程中的全新可操作模式。”① TPACK 框架为高校教师教学实施和推进提供了一个运行范式，也为高校教师信息化教学能力的培养提供了新思路。

二、TPACK 下信息技术与学科教学的创新融合

（一）信息技术与学科教学创新融合的四个阶段

当教师能够采用先进的教育理念与方法，且能够熟练应用技术时，信息技术与学科教学深度融合才能发生，因此，需要教师深入理解信息技术与学科教学创新融合的阶段。进一步说，教师在掌握应用信息技术开展教学的能力需要经历多个阶段的培养与提升，才可达到“创新融合”。

1. 技术替代取向的信息技术简单应用阶段

技术替代作用是指在教学中教师具备信息技术的应用意识，应用信息技术代替教育系统中的某些要素，从而解决一些简单的问题。该阶段，教师主要关注技术本身，对于技术的应用还处于摸索阶段，更多地将技术作为一种替代性工具，只是改变教学的某种形式。例如：教师利用电子白板替代传统黑板，进行教学板书；在物理课堂教学中，将教学内容用 PPT 或 Word 文档进行呈现；利用学习管理平台（云班课）对学生进行随机分组或抽选等教学行为。

2. 技术增强取向的信息技术与学科教学整合应用阶段

技术增强作用是指教师对某种教学活动进行功能上的强化，使得教学活动更加有效，以技术支持教学过程，提高教学效率；另外，该阶段教师根据教学目标与主题内容，在常

---

① 何克抗 . TPACK 美国“信息技术与课程整合”途径与方法研究的新发展［J］. 电化教育研究，2013（6）：47—50.

规化应用技术的同时，也注重该技术其他功能在教学的应用，但是并未改变传统的课堂教学结构。例如，教师在应用交互式白板呈现或播放教学课件时，课件上可以展示文本、图片、视频、音频和动画等教学主题相关的内容。教师在制作交互式课件时，除了电子白板上基本功能外，也可以进行移动授课、课件分享、视频录制等教学行为，使得教学更加轻松。

3. 技术融合取向的信息技术与学科教学融合阶段

技术融合作用是指教师更加注重引导学生的学，关注技术的应用模式及效果；应用信息技术支持学生学习，传统课堂教学结构将发生变化，重在实现信息技术与学科教学的融合。此外，该阶段不仅关注技术本身的应用，更加注重技术的融合应用，是以信息技术支持学生学习的重要阶段。教师不再仅仅停留在教学层次的应用，包括技术呈现学科内容知识、拓展知识；更多的是用于支持学生自主、协作、探究、展示、评价等学习活动，帮助学生构建自身学习认知，发挥学生主动性。例如：教师利用虚拟现实和增强现实技术将抽象的概念、难以观察的现象（化学反应、物理实验）等形象化，创设身临其境的感官体验，学生之间也可以通过虚拟实验平台进行模拟实验，并在平台进行成果分享与评价；教师不仅可以利用教学助手进行内容传送、资料分享，而且可以对学生屏幕进行传屏展示成果，也可进行学生之间知识掌握的游戏化竞争，增强学习的趣味性。

4. 技术创新融合取向的信息技术与学科教学创新融合阶段

技术创新作用是指教师应用信息技术能够真正引发教学范式、学习方式、评价模式、管理组织等变革，将实现信息技术与学科教学的深度融合。该阶段，教师将创新性使用技术开展教学活动，也可引导学生在技术赋能下创造性地学习与问题解决。教师根据新兴技术更加关注教学行为和学习行为数据的收集与分析，针对问题或学情，实施精准教学，真正实现个性化学习。

（二）信息技术与学科教学创新融合的途径与方法

何克抗教授认为：TPACK 是一种将信息技术整合于各种学科教学过程中的全新整合模式，要求教师把握 TPACK 整合模式在学科教学中的实施要求，包括“在何处使用技术”“使用何种技术”以及“如何使用技术”这三方面问题①。信息化 2.0 时代 TPACK 发展是实现信息技术与学科教学的“融合”向“融合创新”的转变，进一步实现深度融合。要实现“深度融合”，何克抗教授提出三个实现“深度融合”的途径方法，一是“要深刻认识课堂教学结构变革的具体内容”；二是要实施能有效变革课堂教学结构的创新“教学模式”；三是要开发出相关学科的丰富学习资源，以便作为学生的认知探究工具、协作交

① 何克抗．论教育信息化发展新阶段［M］．北京：北京师范大学出版社，2016.

流工具和情感体验与内化工具①。因此，结合何克抗教授的观点，将从以下五个方面探究信息技术与学科教学创新融合的途径与方法。

1. 引导学生注重学科教学的情境化

教师的 TPACK 能力发展离不开具体的学科教学情境的支持，从“技术新手”到“技术专家”，教师需要经历大量的课堂教学实践。在此过程中，教师需要有过硬的学科知识基础，熟悉学科大概念、学科知识架构、原理特征、知识联结点等，掌握技术支持学科的“情境化使用”才能从技术的简单应用向创新应用发展。在“情境化使用”阶段中，教师要引导学生利用信息技术支持学科情境创设、学科结构构建、学科概念具象化、突破学科重难点等，实现技术、学科内容和具体教学情境的有效融合与互动，实现 TCK 及 TPACK 能力的生成和发展。

2. 引导学生挖掘技术的优势进行教学方法创新

课堂教学结构的变革在于将教师主宰的“以教师为中心”的传统课堂教学结构，转变成能够充分体现学生主体地位的“主导—主体相结合”的教学结构，发挥信息技术整合教学法与学科内容的优势。为推进信息技术与学科教学的融合创新，要转变教师的教学方式及学生的学习方式，学校的课程改革应朝着项目学习、探究学习、体验学习、个性化学习、情境化学习、STEAM 学习的方向转变，充分发挥学生自主性。在课堂教学中，教师在技术赋能下讨论交流、展示分享、协作探究、组织评价等教学活动，更好地培养学生的核心素养。因此，在课程中，教师不再局限于技术技能的掌握，而是要兼顾技术与教学策略（方法）的融合，更有效地发挥技术优势，创新教学。比如，在展示分享过程中，学生利用微信小程序（草料二维码）分享光学实验，其通过智能终端扫描二维码就可以观看他人成果，包括实验过程的视频录像、数据文本、图像采集等；教师引导学生以小组形式借助 3D 软件创作作品，完成交互式项目设计并将作品上传至在线社区，实现与学习伙伴的实时分享与协同创造；在组织评价过程中，教师利用学习管理平台（云班课、教学助手、智慧教学系统）记录和收集学生下载、浏览、观看等学习行为；教师根据学生数字画像，进行个性化指导与资源推送，为学生提供不同的指导方案，激发学生潜能，促进学生的个性化成长。

3. 挖掘典型的教学案例，探究技术应用的价值

一个完整的教学案例，是融合了多种原理、方法、知识与经验的综合体，也呈现出具体可操作的教学过程，且隐含着一位教师的教学理念、思路与方法。在《教育技术应用》课堂教学中，教师为学生提供优质的教学方案，帮助学生理解、感悟、反思案例中教师的

① 何克抗．如何实现信息技术与学科教学的“深度融合”[J]．教育研究，2017（10）：88－92.

教学行为、技术应用及问题解决思路等，理解技术、学科内容与教学点三者知识之间的互动融合与多元表征，探究技术融入教学的思路与方法，深度体验技术在教学过程中应用的价值。因此，在课堂教学中，为学生提供多种教学案例，从 TPACK 框架角度分析案例中七个要素的表现，总结出信息技术融入教学的不同程度（阶段），引导学生协作改善或重组原教学方案，并开展小组评价与互评，从而反思、改进自己的不足，进一步完善教学方案，为之后设计高质量的信息化教学方案奠定基础。

4. 开展混合式教学，为学生提供必要的教学资源与支架

TPACK 知识是一个复杂的知识结构，通过有限的课时培养学生 TPACK 能力往往较为缓慢且具有一定的局限性。混合式教学弥补传统教学的不足，融合线上学习和线下学习的优势，更好地体现教师的引导、启发、监控教学的主导作用，充分发挥学生学习过程中的主体性。结合翻转课堂，依靠信息技术，重构传统教学过程。因此，在课程实施上采用混合式教学。课前，教师通过智慧教学平台提供学习资源与支架，包括视频课程、电子文稿、课件、评价量规、技术应用框架、信息化教学案例等，完成理论和基础性知识技能的初步掌握；课中，主要围绕着自主学习过程所遇到的疑惑及知识重难点，在教师的引导下开展自主学习、头脑风暴、交流协作、任务探究、实践操作、成果展示等活动，实现深层次学习、重构学习认知；课后，通过平台进行疑难解答、任务发布，进一步巩固所学知识。另外，信息化教学设计是本课程的核心内容，且具有一定难度与复杂性，教师应提供必要的“支架”，包括 TPACK 要素框架表、技术应用的框架、教学案例、信息化教学设计评价量表，能够让学生更好地掌握信息化教学设计的相关知识与技能，提高自身技术整合教学的能力。

教师需要清楚技术本身并不能变革教育，真正起作用的是教师本身，教师在掌握先进的教育理念与方法，且熟练应用技术时，根据学科内容及教学目标，科学地应用信息技术融入教学中，实现信息技术与学科教学的深度融合。同时，这也要求教师需要通过不断地观摩优质教学案例、学习技术、设计教学、实践教学，反思及创新教学行为，逐步提升自身 TPACK 能力。

三、TPACK 理论下教师在课堂教学运用信息技术重点

（一）注重新兴信息技术的学习与应用

进入信息化 2.0 时代，大数据、人工智能、VR 虚拟现实等为代表的新兴技术引起了教学环境、教学模式、教学服务及学业测评等一系列变革，教师不仅需要掌握多媒体制作技术、微课设计、网页开发技术等常规技术，更需要在原有基础上更新、增添一些智能化、便捷化的新兴技术。在教育信息化 2.0 阶段，强调推进智慧教学的实施，以大数据、

VR虚拟现实、人工智能为代表的高新技术工具得以普遍应用。因此，该阶段不再是仅仅掌握传统信息技术，更需要掌握支持师生高效互动、线上教学、精准化管理的智能教学系统、学习分析和虚拟现实等技术，具体体现在信息化教学录播观摩、虚拟现实技术教学应用、智能教学系统应用、交互式课件开发、学科教学工具操作等，为专业的学习提供智能化、网络化、虚拟化的技术工具，支持创造性学习体验与问题解决。同时，掌握人工智能相关技术，不仅能够帮助学习者开展高效的、立体化互动，而且让学习者掌握数据驱动的学习行为跟踪、记录与统计和基于数据提供个性化学习路径和学习资源的方法。

（二）注重技术支持下教学法的创新

教育信息化1.0阶段完成了基础教育设施的建设，教师应用信息技术改进教育教学的意识和能力普遍提高，计算机辅助教学、翻转课堂、基于探究式教学等方式应运而生；在教育信息化1.0阶段，教师主要是技术的浅层次应用，体现在应用信息技术优化传统教学中的管理、组织、评价，支持教师进行知识传授。教育信息化2.0阶段下，以互联网、大数据、人工智能为代表的新兴技术，从“技术导向”向“学习导向”转变，为精准教学、深度学习、个性化学习、无缝式学习提供技术保障。

信息技术应用创新不在于选用的技术“新”，而在于信息技术支持的教学方法“创新”，这就要求教师应从“技术导向”向“学习导向”转变。在教学方式上，智能化教学互动、便捷化协作交流、个性化学习资源推荐、智慧诊断等技术为翻转课堂、项目式教学、混合式教学、STEAM教育等模式得以有效开展提供保障，打破“先教后学”的教学观念，根据对学生的全过程数据记录与分析，预测问题提供及时的反馈，保障学生学习行为的有效性；在学习方式上，自主学习、探究学习、合作学习、基于案例/问题学习、项目学习等以“学为中心”的学习方式越来越受欢迎，逐渐替代“接受式学习”。因此，创新教与学方式不仅能够激发学习者兴趣，保障其持续性学习，而且能够为创新思维/能力的培养提供真实、形象的情境，引导学生学会自主学习、个性化学习、体验式学习等。

（三）注重在真实情境中开展教学

TPACK强调技术的情境化应用，结合具体教学问题，合理应用恰当的信息技术支持教与学。依据TPACK理论，注重“教学情境”的变化，引导学生掌握学科内容相关知识（学科课标、核心素养、理论、大概念）的同时，在信息技术支持下开展学科内容表征和教与学方式的创新，旨在学科教学设计的基础上融入技术，侧重于将技术（T）整合到学科教学（PCK）中；结合物理学科情境，促进信息技术与教育教学深度融合，最终促进高校教师TPACK能力的培养。另外，除了注重自身专业学科背景外，也需要结合不同学科的联系与互动，设计教与学活动，从而提高跨学科思维能力。

（四）注重信息化教学环境下的设计与实践

在课程教学内容设计上，除了理解本课程必要的相关概念外，需要教师清晰当今时代对教师教育能力发展的新标准和新要求，理解信息技术对教育的系统性变革、TPACK 内涵、信息化教学能力内涵等；另外，在原本课程教学的基础上，增添了对多样化教学方法/模式和信息化教学环境的理解与学习，促使学生基于不同信息化教学环境下系统地思考对信息技术的综合应用与创新，为之后信息化教学方案的设计奠定坚实的基础；为提升教师信息化教学能力，迎合基础教育现状，须开展基于三种信息化教学环境（多媒体教学环境、混合学习环境、智慧学习环境）下的教学设计与实践教学培训，从而真正提高教师信息技术与学科教学的深度融合。

四、TPACK 视角下高校教师信息化教学能力的发展方向

（一）规划先导提升信息化教学设计能力

信息化教学设计是实现教学过程优化的重要途径。教师能够使用信息化手段开展教学设计，以学生学习为中心，采用信息化教学技术手段，根据课程教授主题、学生个体特征和教学环境要求，制定教学目标、规划教学内容，并准确传达给学生。同时，教师能够充分利用现代信息技术和信息资源，围绕课程教授主题选择教学媒介支持，充分融合教学媒介与教授主题设计，科学地安排教学过程的各个环节和要素，以实现教学过程的优化。

（二）兼容并包挖掘信息化教学整合能力

信息化教学整合是实现教育教学目标的关键环节。高校教师通过信息化技术手段，形成“以学生学习全过程为中心、以课程全生命周期为轴线”的课程流程。高校教师通过搭建教学平台、共享教学资源、发布教学任务、对分课堂研讨、分阶课后训练、知识范畴拓展等“线上＋线下”整合措施，实现“课前—课堂—课后”的全流程课堂重组和更新，提升教师信息化素养的积极性和能动性，促进实现信息化手段在课堂教学资源整合中的关键作用。

（三）炼技赋能提高信息化教学实施能力

信息化教学实施是教学目标实现的核心保障。运用信息化手段能提高教师对课堂的掌控度，保障授课教师及时、有效地处理课堂教学中的突发情况，并适时进行课堂内容的更新调整。一方面，教师通过运用信息化教学媒介、调整授课方式等方法，快速解决如设备故障、软件失效等因教学工具导致的突发状况；另一方面，信息素养的提升也能够帮助教师通过使用更为多元的教学工具，更好地开展翻转课堂、对分课堂等师生互动形式，有效保障课程效果。

（四）多维贯通完善信息化教学评价能力

信息化教学评价是教学课堂反思与课程改进的基础依据。

信息化教学评价的目的是加强教师和学生沟通、借助评价评估自身教学中存在的漏洞，促进高校教师信息化教学能力发展，培养适应型、创新型教师教学人才，提高信息化教学质量。同时信息化教学评价既要重视教学结果与过程评价，又要重视学生反馈和教学激励。利用信息化手段进行过程性评价和总结性评价，及时反馈给学生，指导学生解决问题；同时教师能够指导学生利用信息化手段评估自己的学习，帮助学生调整学习策略、优化学习效果，有效改进教师教学方式和学生学习方法中的“堵点”，融会贯通“教学评价——教学考核——教学反馈——教学改进”全过程。

（五）科教融合强化信息化教学研究能力

信息化教学研究是促进教学实践向理论成果转化的发展平台。有效的教学研究能够为教师教学实践积累有益的经验，也为后续教学安排调整给出规划性的参考意见。积极运用信息化资源和手段收集数据、整理资料，形成校内＋校外的双元型师资队伍。一方面，学校利用假期，邀请业界领军人物访问交流，促进师资队伍产生合力。另一方面，校内教师在企业教师的带领下进入企业进行交流参观，加深自己对本专业所需技能的认知。双方共同制订培养方案和搭建实训基地。同时，派遣青年骨干教师赴海外高校进行交流学习，提升自己的教学能力，丰富自己的教学内容，使其与前沿技术接轨。

第三章　高校教师组织认同与激励机制探索

第一节　组织认同与激励机制的理论依据

一、激励机制的理论基础

20 世纪 20 年代至今，激励理论的激励内容也不断丰富，呈现多样化特点。

（一）公平理论

公平理论又叫作社会比较理论，是激励理论中的一种，侧重于研究报酬分配与个体产生的公平感之间的关系，是由美国学者在 1962 年首先提出的。公平理论主要是研究工资报酬在分配中的公平、合理性，以及它会对员工的工作、生产带来怎样积极的影响。

其核心观点是组织中的成员会将自己的工作付出与所获得的回报进行自我评估，在关心自己工作报酬绝对值的同时也很关注自己工作报酬的相对值。他们会将自己的报酬与别人的工作报酬进行横向比较，或者与自己以前的报酬进行纵向比较来判断获得的报酬是否公平，从而做出相应的行为。在报酬相对公平的情况下，他们会感觉心情愉快，从而对待工作继续保持积极状态，也会更加努力。当他们认为自己的公平指数低于其他成员的公平指数时，他们会感到强烈的不公平感，这时他们会产生两种不同的行为来解决。一种是他们会通过安慰自己来减少这种不公平感，造成主观上公平的假象，平衡自己的心态，或者他们会选择其他的基准来与自己作对比，比如说选择投入收入比较低的其他人与自己作比较，来获得主观上的公平感。另一种是他们可能采取一些具体的行为，比如说向上级或者工会提意见，要求将别人的报酬适当地降下来，或者增加别人的劳动投入，或者要求自己加薪、减少劳动投入；更甚者会产生委屈、抱怨，陷入消极的情绪体验，消极怠工、发生反生产行为、制造矛盾甚至辞职。

从员工报酬分配的角度开展研究，分析报酬分配的合理性对员工积极性产生的影响，提出三个方面的观点：一方面，影响激励效果的因素不仅是报酬的绝对值，还包含相对报酬，即员工对报酬的分配是否感到公平；另一方面，实施员工激励应力求公平，建立相对客观的公平等式，尽量避免员工的不公平感；再一方面，实施激励时应加强对员工的心理疏导，帮助其建立正确的公平观念。公平理论强调目标设置对员工激励的重要性，通过设置上下级共同认可的目标并在绩效中得以体现，能够有效地激励员工，进而激发工作潜能，提升工作效率，帮助企业实现预期目标。在实施员工激励时，应将员工的绩效考核常态化并及时反馈，保障员工工作环境的公正性，通过赋予员工相应的岗位职权，保证激励的持续性和组织绩效的稳定增长。

高校教师的薪资分配也可以参考公平理论进行，管理者要充分考虑到教师的个人公平感意识，在物质激励中，合理运用竞争机制，公平客观地评价教师的工作量，根据绩效的排名，拉开教师工资的分配层次，改变传统的大锅饭情况，在精神激励中，要多给予教师一定的关心、鼓励，让教师感觉到自己受到重视，充分发挥教师的主官能动性。

（二）需求层次理论

需求层次理论也是现阶段应用最广、影响最大的激励理论之一，也是分析高校教师激励机制应用最多的理论之一。需求层次理论将人的需求视为等级制度，是由初级逐步向高级过度的发展。需求层次理论认为，当人们的需求得到满足后，这种需求便终止，更高级别的需求便取代初级需求，由此产生激励作用。马斯洛按照人们需求的层次，将其重要性进行排序，从高到低为自我实现需求、尊重需求、归属需求、安全需求、生理需求。

人的需求可分为生理需求、安全需求、归属需求、尊重需求和自我实现需求。自我实现需求最高，只有在满足四种需求的基础上，人们才会逐步升到高一级别的需求。

第一，生理需求。生理需求是指人们的饮食、居住和身体需求，这也是人们最基础的需求。

第二，安全需求。安全需求是指人们保护身体和免受伤害需求，这也是人们生存的基本需求，包括健康、安全、职业稳定、财产保险等有质量的生活。

第三，归属需求。归属需求是指归属与爱的需求，这也是人情感的需求，包括感情、被接纳等需求，这也是人融入社会所具备的需求。

第四，尊重需求。尊重需求仅次于自我实现需求，是一个人的生理需求和安全需求得到满足时，也就产生了尊重需求。尊重需求包括自我尊重需求和外部尊重需求，尊重需求促使人们充满信心，感悟生命价值。

第五，自我实现需求。当一个人充分发挥个人潜能和个人才华，对社会做出巨大贡献和价值时，也就实现了自我理想和抱负。

结合需求层次理论可知，对人的激励是一个长久持续性动态，当低层级的需求得到满足时，人们会产生高层级的需求。高层级的需求是基于低层级需求被满足的基础上，这也是高层级激励因素起作用的主要原因，由此构建了层次激励系统。

（三）ERG 理论

又有学者基于需求层次理论，结合自身实际经验总结，提出了 ERG 理论。人们有三种最基础需求，分别是生存、相互关系和成长，简称 EGR 理论。生存需求包括人们最基础的物质生存需求，涵盖生理需求和安全需求、满足社会地位需求；最后提出了成长需求，人类发展的内部需求，包括尊重需求和自我实现需求。两种需求不同之处在于以下两点。

第一，ERG 理论是利用了实证分析方法，分析了人们多种需求可同时存在，而另一种理论认为人们的需求是逐级递增的。ERG 理论不认为底层需求被满足后才可向高级需求转换，高级需求和低级需求可同时存在。当人们的生存需求和相互关系需求被满足时，人们也可快速成长。

第二，在需求层次理论中，人的需求将一直停留在某一阶段，直到该层次的需求得到满足时，才会转向高层及需求。但是 ERG 理论认为，当人们的高级需求无法满足时，其低层级的需求强度会逐步增加。例如，当人们无法在社交环节得到满足时，其可能转向对工资的需求，这也是因遭受挫折而产生的“倒退维度”。

总而言之，ERG 理论和需求层次理论一样，当低层级需求得到满足时，将追求高层级满足，同时多种需求可作为激励因素同时存在，并且高层级需求受挫时将倒退至低层次需求。

（四）双因素理论

20 世纪 60 年代，美国学者又提出了影响教师的“双因素理论”，该理论以教师为分析主体，在当时引起了很大的关注度。双因素理论认为，事务存在可引起满足感，若缺失也不会引起很大的缺失感；而另一类事务缺失，将引起教师极大的不满，若改善该类事务，虽然可降低教师的不满，但是也不可鼓励教师。前者称为激励因素，后者称为保健因素。

第一，激励因素。激励因素称为内容因素，激励因素是增进，但并非维持现状，学校部分管理措施倘若得当，往往可激发教师的满足感，以此调动教师的工作热情。

第二，保健因素。保健因素又可称为情境因素，该类因素包括教师工作的稳定性、工资水平、工作环境、福利待遇、社会地位等。保健因素并不具备激励效果，但是却有预防性因素，主要起到稳定工作现状、化解教师不满情绪的目的。

第三，双因素理论在管理上的实践。从管理措施角度分析，人们将首先选择保健因素，将激励因素维持在一定水平上，防止产生负向的激励作用。在此基础上，可再用工作引发激励动机，保证教师产生较高的工作热情。因此，因素划分是相对的，只能说某些因素偏向于保健型，某些因素偏向于激励型，甚至某些措施介于二者之间。

双因素理论和马斯洛需求层次理论二者存在不同之处，又相互联系。马斯洛需求层次理论针对需求和动机，双因素理论则是针对二者的目标和诱因。因此，保健因素更倾向于马斯洛需求层次理论中的低层次需求，激励因素更倾向于马斯洛需求层次理论的较高层次需求。

二、组织认同理论基础

（一）社会认同理论

社会认同理论是由美国的社会心理学家 1979 年提出的。他们认为社会认同感主要伴随着个体在组织中的群体成员资格所带来的组织情感认识和共同价值的产生而形成的，是一种把自己定义为某种社会类型成员，并与组织保持一致性的自我心理表现与过程。社会认同感建立在组织成员身份认同的基础之上，首先，个体需要在社会生活中对某一类型的社会成员形成相应的身份认识；其次，伴随着个体在组织中认同感的产生，从内心深处将自己定义为某一社会类型组织的成员，从而将个体与他人、将个体所在的组织与其他组织区分开来。所以，社会认同感可以使个体对自身和所在的群体区别于其他个体和群体有一个清晰的概念。①

社会认同理论主要包含分类、认同或认同感、比较三个核心概念。首先，关于分类，塔杰夫和特纳提出将社会环境进行分类，通过分类使复杂的社会环境变得有序，从而便于在区分归类的基础上更好地开展符合组织成员身份的社会活动，所以，在此意义上，塔杰夫和特纳是将分类视为社会认知的一种工具。区分和确定不同群体成员的资格和身份具有重要的意义与价值，这样有助于个体根据某一群体的类别对此类群体有清晰的认知。通过不同种类人的身份特征，将个体与其他群体中的成员进行有效的区分。其次，关于认同或认同感，它是组织成员通过组织身份的认同将自己视为某类群体成员的一种认同感觉，主要包括个体组织成员身份的认同和组织身份的认同，能够通过组织成员在心理和行为上与组织的一致性进行反映，这种认同感并非是外部强加的，而是出于个体内在的真实意愿。最后，关于比较，它指的是个体为了评价自我而把自我与类似的其他人进行比较。研究表明，人们需要对自我有一种良好的自我感觉，而通过与其他人比较可以获得自尊的感觉。②

（二）结构交换理论

社会交换作为一种交换性的行为，它虽然具有经济交换的特点，但又与经济交换存在着本质性的不同，具体体现在三个方面：首先，社会交换是一种建立在相互信任基础上的自愿性行动。在社会交换的过程中，组织成员虽然期待回报，但回报的内容和时间都是不确定的，所以这种交换需要建立在相互信任的基础之上。其次，社会交换获得的报酬价值没有统一的衡量标准。社会交换的报酬价值具有相对性与模糊性，可能会因人的差异而产生不同，同时也会因时间和场域的不同而产生偏差。最后，社会交换的目标具有多重性。由于人具有个体差异性，所以不同的个体在社会交换过程中所期望达到的目标也会不同，

---

① 王彦斌．管理中的组织认同理论建构及对转型期中国国有企业的实证分析［M］．北京：人民出版社，2004.

② 周国华．大学教师组织认同研究：影响因素及其建构基础［M］．上海：华东师范大学出版社，2012.

甚至产生冲突。此外，社会交换还会受到社会规范的制约和影响，所以社会交换的目标也具有多元性。布劳根据报酬交换，将社会化关系从理论上划分为内部关系和外部关系两个范畴。内部关系的报酬，是从这种社会关系本身取得的，外部关系的报酬，是个人从他人那里获得报酬的一种手段。就现实而言，这种社会化关系更多呈现的是一种内部关系和外部关系的混合情况，根据在社会交换中的价值重要性，人们和别人进行交换得到的一般性报酬可以依次分为四种类型：依从、尊敬、社会赞同和金钱。

（三）其他理论基础

1. 差异论

持差异论观点的学者关注的重点在于个体在认同过程中进行的差异对比，并通过比较、辨别、类属和定位等实现认同过程。换言之，有关个体需要通过与对比参照他人，才能认知个体与组织中的一致性或者背离性。

差异论从个体内部所拥有的多种角色出发，论述个体内部多种角色之间的冲突将会对组织认同产生显著影响，并进一步解释到这需要通过不同角色间的比较才能实现对某一角色所属组织的认同。这一过程首先是要形成不同身份角色间的适当界限，其次对于某一身份要提出特别的和具体情境下的要求，最终通过不同角色之间的对比从而形成对某一角色的认知，并进一步实现对这一角色所属的组织产生认同感。持差异论的不少学者还将组织认同划分为两个部分，即“组织内认同”和“组织外认同”，组织内认同是在组织内部通过寻找自身与其他人的差别来进行不断的自我调整从而使自己与组织内的他人保持一致；组织外认同则是通过与外部组织的对比，感知所属组织的差异性与独特性，进而实现对所属组织的认同。通过组织内外部认同的相互作用，实现认知过程的去个人化，从而个体把组织的共同特征归纳于自身，实现个体的“我”到集体的“我们”的转变过程。

2. 信息论

持信息论观点的学者强调信息在组织认同过程中的重要性，认为一定的信息交流和信息共享是组织内成员实现组织认同的重要影响因素之一，因为通过信息交流可以有效地将组织的价值观与目标传递给相关的组织成员，以此提高组织成员的确定性。

在这些信息中，最为显著的是形象性信息和说服性信息，前者是通过对组织内外部产生评价而产生的，后者则是由组织本身创造出的宣传内容所组成的。使组织成员与组织形成共识的关键就在于沟通。沟通与一系列组织结果变量呈相关关系，如工作满意感、离职意向等。

3. 资源论

持资源观点的学者非常重视资源在实现组织认同过程中的地位，组织的独特资源能够影响组织员工对组织的认同感。

组织资源主要可以分为两类，一类是有形资源，是指能够把组织形象具体化的一些资源，主要是指物质资源，包括组织内部的工作场所、配套设施等；另一类是无形资源，是那些非物质性的、看不见摸不着的资源，包括组织声誉、组织形象等。一旦组织形象与组织认同产生差异，就会导致组织内部成员进行自我调整或形象重塑，进而影响到对组织的认同。

组织理论基础的三种观点分别从差异、信息、资源三个角度揭示了组织认同的全过程，其中组织认同的起点是“差异”，基础是“资源”，媒质是“信息”。组织内部成员通过对组织的不断体验与感悟，实现从“我”到“我们”的变化过程，直至产生最后对组织的认同。①

第二节　组织认同与激励机制的基本内涵与内容

一、组织认同的内涵与内容

（一）组织认同及其功能

组织认同属于社会认同理论的范畴。组织认同是社会认同的一种特殊形式。社会认同理论认为，认同感作为一个群体成员的自我概念，它给人们提供了一种群体成员资格感知、态度和行为效果的基础②。

学者们对组织认同的功能做了大量研究，这些研究从不同方面表明，组织认同与工作满意度、动机、绩效、组织忠诚、合作行为和组织公民行为显著相关，组织认同会通过对个体的认知和情感的影响来进一步影响个体的行为，从而导致组织绩效的极大改善③。个体对组织的认同感越强，他越有可能持有组织的观点和采取对组织有利的行动。目前国内外学术界对组织认同的研究已经比较充分和全面，但关于教师群体的组织认同研究依然不足，现有的研究大多是通过量化的方式去探究教师组织认同的影响因素，而教师的组织认同和其专业发展的关系研究却鲜有涉及。

（二）影响教师组织认同的因素

1. 职业形象

在影响教师认同感的社会层面中，职业形象是其中的关键因素，它是个体选择某一职

① 魏钧，陈中原，张勉．组织认同的基础理论、测量及相关变量［J］．心理科学进展，2007（6）：948－955.

② 李水鑫，李晓千，张娜，申继亮．组织竞争与教师认同的关系机制［J］．心理发展与教育，2010（1）：37－41.

③ 宝贡敏，徐碧祥．组织认同研究述评［J］．外国经济与管理，2006（1）：39－45.

业的重要原因。教师的职业形象则是指社会大众以及教师个人对教师这一职业的看法，是教师精神风貌和生存状态的概括。① 我国自古有尊师重教的传统，教师被称为太阳底下最光辉的职业，这种良好的职业形象成为多数博士生选择教师职业的重要原因。职业形象包含了职业声望、职业地位以及社会对教师职业的期待，这些能够帮助教师充分认识职业价值，促使其产生职业情感，满足社会自尊，促进职业认同。

2. 学校环境

在院校组织层面，学校环境是研究教师认同感影响因素中不可忽略的关键变量。学校环境是指学校人文环境、硬件设施、管理制度等，学校为教师提供的资源、机会以及营造的文化氛围是教师工作的载体，教师通过与学校环境互动从而建构对职业和组织的感知。教师教育教学工作的开展依赖高校提供的条件和支持，当学校能够为教师提供有利于职业发展的条件和支持时，教师的发展和追求得到满足，对组织和职业的认同更加强烈。同时，高校的组织文化、沟通氛围等均对教师的认同感有着显著的影响。

3. 工作自主性

工作自主性是指工作给予个人在安排工作、决定工作方式上的自由、独立性和裁量权的程度。教师工作自主性是学校管理制度的重要表征，它体现了高校管理中的民主、开放、自由程度。学者提到，较大的工作自主性会带来更大的工作满意度，而受教育程度越高的群体越看重工作自主性。博士生就读期间形成了独立的工作风格和行为方式，在任职期间，严管严控的制度可能导致其难以适应，丧失工作热情。

4. 学生素质

学生作为教师教育教学的直接对象，其学习基础、学习态度等学生素质能够直接影响教师的状态和效果。很多教师在入职初期对培养学生充满激情，有很高的教学效能感。然而，他们发现学生并不像他们想象中那样热爱学习，学生在课堂上低头玩电子设备、“沉默不语”等现象较为严重，教师投入到课堂中的精力得不到回应，教学质量难以保障。长此以往，教师的教学激情被磨灭，对教师职业的价值和意义产生质疑，认同感降低。不可否认的是，尽管学生素质是院校组织中客观因素的表现，但是，对待不同学生的态度也反映出教师自身的教学理念。

---

① 阳绒，唐金玲．论新时期的教师职业形象［J］．现代教育科学，2009（12）：31－33.

二、激励机制相关概念及实践价值

（一）激励机制的概念

1. 激励

激励是指激发人行为的心理过程。美国管理学家哈罗德定义激励为“激励是联系起各种反应，出自于从情感的需求，从而引导出要求或目标，随后出现一种令人迫切想要得到的感觉（即未满足的期望），继而产生动机，最终就能满足需求”①。激励是一个综合、混合的概念，可以从多个角度去解读，包括管理学、经济学、心理学等。从管理学角度来说，激励就是为了诱导组织成员发自内心的积极行为。激励需要通过设计适当的形式以及合适环境，制定相关行为惩罚性、奖励性措施，同时借助有效的沟通手段，高效、有效地实现最终目标的一个过程②。激励作为管理名词，主要用于激发并调动人们的工作积极性。一般而言，激励表现为外界施加的压力转换为自身发展的动力，这也促使组织发展目标逐步转变为个人目标。激励不仅可视为依据组织或者企业需要，充分调动人们的工作积极性的行为导向，同时也可视为自我调节、自我发挥的主管心理机制。激励包括努力、持久、指定目标三个方面。

通俗来说，就是利用一定的奖惩政策，激发人们的积极性、创造性以及主动性。激励对于组织有着关键的效力，任何一个“枝繁叶茂”组织的背后都存在对于人的激励建设。合适的激励会增加组织员工的主观能动性，发挥出员工最大的工作活力。

2. 激励机制

激励机制是指通过适当的手段、方式与体系的建设，将员工的效能最大限度地发挥，最终作用于组织③。激励机制建设包括设定激励目标、确定激励对象及制定靶向路径三个方面，由此可以得出，激励机制是运用多种奖惩措施，通过不同手段方法激发员工内在动力。在组织体系中，激励的主体一般从不同角度综合运用各种激励手段，与激励对象起到相辅相成的作用④。激励机制以一套系统化、科学化的综合激励措施手段，形成制度，通过满足被激励对象的需求而调动其主观能动性，从而实现既定目标。激励机制一旦形成后，组织系统本身内产生一定作用，激发组织的机能，使其处于积极的状态，并进一步影响着该组织的生存与发展⑤。

---

① 李景鹏．权力政治学［M］．北京：北京大学出版社，2008.

② 周文霞．管理中的激励［M］．北京：企业管理出版社，2004.

③ 程国平．经营者激励：理论，方案与机制［M］．北京：经济管理出版社，2002.

④ 应世潮，付岳梅．基于激励理论的高校教师队伍建设探讨［J］．鄂州大学学报，2017，24（03）：80－82.

⑤ 谢康．企业激励机制与绩效评估设计［M］．广州：中山大学出版社，2001.

总之，激励机制是一项有机整体，主体和客体在激励因素的作用下产生对应的行为。激励机制是一项复杂的体系，激励机制是立足于教师群体的特征，采取有效的激励方式不断启发和引导教师，将其逐步转化为内在追求，以此来不断地认知自己知识分子的身份，以及自身所担负的社会责任和所处的社会地位，进而在责任感和使命感的激励下创造性地、主动性地开展工作，将学校、社会、个人的利益有机整合，推动完成各项任务。

（二）激励性质与实践价值

1. 激励性质

激励是通过个人努力实现组织体系的目标，并且个体努力须以某些需求为前提。激励过程和个人的利益息息相关，利益的大小直接影响到个体工作的积极性。换句话说，激励就是充分调动个人的主观能动性，使个体保持积极的工作热情。

激励的过程便是激发高校教师的内在动力，激发教师努力工作、提高教学质量以此实现高校的目标，每个教师都有个人的需求，为实现个体需求而努力工作，当个体需求被满足时，这种被满足的心理将督促个体向着更高的目标而努力工作。激励过程可视为个人工作动机和个人工作过程形成不断循环的过程。

2. 激励机制的实践价值

第一，激励机制可帮助高校吸引优质人才。高素养的师资队伍是提高高校综合竞争力的主要因素，高校为吸引人才往往拟定一系列的措施，采用多种激励方法，例如为高校教师提供养老金、提供“五险二金”、提供教师住房等。因此，高校拟定科学的激励机制有助于吸引人才，建设高素养专业性强的师资队伍，以此提高高校的综合实力。

第二，激励机制有助于实现高校组织目标。激励机制是对高校教师教学行为的有效引导，高校可依据实际现状，采取激励措施，促使高校教师自觉发挥潜能，为完成教学目标而努力工作。高校拟定激励措施目标在于充分调动教师积极性，使其更快、更好地完成教学任务，促使教师个人努力方向和高校目标趋于一致。

第三，激励机制可提高高校教师的工作效率。激励机制可激发出教师的创造性和能动性，更好完成教学内容。

三、基于组织认同理念下激励机制构建原则

（一）物质与精神激励相结合的原则

作为典型的知识型员工，高校教师需要学校能构建全面的激励机制，而不是单纯的、片面的激励机制。对教师要想实现有效激励，就要把物质激励与精神激励有机结合起来，物质激励主要是侧重于绩效奖金、评优奖励等，而精神激励主要是满足教师高层次精神需

要，两者相互联系又相互区别，管理者必须要使得精神与物质相互支撑、互相支持。才能催生出持续的内驱动力，从而让高校教师产生最大的动力。

（二）以人为本的原则

人力资本即是人的知识或技能。教师是知识的传播者和创造者，被称为人类灵魂的工程师，人们选择教师职业主要是看重工作本身的价值和吸引力。因此构建高校教师激励机制必须重视高校教师人格的尊重和发展，管理者要重视对知识资本的激励，给予教师最大的资源支持，鼓励他们进行自我发展规划，帮助他们将个人发展目标融入学校的发展目标之中，激发教师的创新能力。高校教师激励机制的改进措施必须反映出民主性，首先要把了解教师、尊重教师、关心教师、激励教师的行为放在第一位，设计的系统结构必须能够清晰地认识和满足教师的需求、尊重和接受教师的个人特征、调节教师的思想，进而鼓励教师进行思维的碰撞①。高校无论使用任何激励措施都要明确地表现出民主性，如此教师便会把学校当成自己的家，严格遵守学校的各项规章制度，更加乐意为学校的发展做出贡献。

（三）公平性原则

高校教师受教育层次较高，希望能在工作岗位上得以实现自身价值，因此对“公平、公正”的要求十分强烈。如果学校某些做法让教师感到不平，其工作效率和自我提升的积极性就会大打折扣，学校的激励机制自然也就丧失了作用。由于高校教师个人能力和岗位特点的差异性，加之影响工作效果的各种主客观因素又处于动态变化之中，这就构成了工作评价的模糊性，所以评价中难免会出现不公平现象。因此，高校管理者应通过各种制度的完善来最大限度地缩小不公平，做好解释工作，增强激励的效果。

（四）针对性原则

“自主”“精通”和“目标”等都是驱使员工前进的强大内在动力。由于高校教师在不同岗位、不同学历、不同年龄段会呈现不同的需求，同一位教师在不同的环境下需求也会发生改变，所以同样的激励措施产生的激励效果也会不一样。由于内在动力会更持久，所以激励机制要针对教师不同的内在需求来构建，要将教师的主导需求整理、归类，然后来制定相应的激励政策帮助教师满足这些需求。

（五）适应性原则

高校给予教师的奖励要与激励实现的目标相适应。教师只有在工作上做出了贡献才能给予奖励，在工作中没有过错失误就不应该被惩罚；不能对做出突出贡献的教师仅仅给予小的奖励，而对于做出一般贡献的教师却给予了不相匹配的大奖。实现高目标要给予教师

---

① 杨俊杰．基于分类分层的高职教师有效激励研究［J］．教育与职业，2013（08）：70—72.

高级别的奖励，低目标要给予教师低级别的奖励。当奖励的程度与激励的目标是一致的，才能充分发挥激励的作用。如果教师做出了很大的成绩，但学校并没有给予对应的奖励，那么就不能有效地激励教师再建新功；反之，如果教师做出的成绩不配得到相应的奖励或提升，则会引起不公，让其他教师觉得激励不当。

（六）及时性原则

及时激励是高校人事管理中的一条重要原则。在高校教师取得成绩后，学校及时采取奖励措施强化其正确的行为，可以对教师产生加强版激励，从而使教师持续保持积极向上的工作热情，同时奖励先进的做法也能对后进的教师或者行为出现错误的教师及时进行纠正，让他们以优秀为标杆努力干好工作，从而创造更多的业绩。反之则会失信于高校教师，挫伤其工作积极性。高校要注意把握好激励时机，让激励机制在正常运转中发挥有效的作用。

（七）尊重性原则

高校的教师一般而言受教育水平较高，尤其注重尊重需求的满足，他们都希望自己的知识和才能得到充分的展现，得到学生、学校和社会的认可和尊重。从事科研工作并教授学生理论和技能知识是教师的工作价值所在，因此，在进行高校教师队伍建设时，为了增强教师对于学校的归属感，应遵循尊重性原则。改善我国高校教师激励机制必须尽可能地满足教师的合理需求，满足他们需要得到尊重的需求，并通过物质奖励或者精神上的褒奖，充分体现对高校教师的尊重。当高校教师对学校的某些措施提出意见时，行政管理人员应积极听取教师的意见，积极促进高校教师参与到与他们相关的措施的制定过程中，比如在制定学校的发展规划时，尽可能地将学校的总体目标与教师个人发展目标相结合，以满足教师更高层次的需求，帮助他们实现自己的人生目标①。尊重知识、尊重人才、尊重劳动、尊重创造力、尊重思想，学校必须在不同的水平和角度全面地认识与尊重高校教师，以使他们感到自己的工作是有价值的。

只有当教师觉得自己在组织中得到肯定时才能增强归属感，当他们的集体荣誉和归属感增强时更容易将学校的总体目标视为自己的个人目标，表现出更强的积极性，自愿地为学校的发展做出贡献。高校需要为教师创造出有利的工作环境，具体包含良好的科研条件、和谐的人际关系、相互信任的氛围，以此激发高校教师的工作积极性。只要能遵循尊重性原则，即使在激励过程的其他方面有所欠缺，也能尽可能地避免某些方面的摩擦，消除教师的不良情绪。

（八）科学性原则

主要是指我们在建立高校教师激励机制时需要使用科学的方法，特别是要建立具有竞

---

① 彭建国．高等学校教师需要的特点及其激励［J］．重庆大学学报（社会科学版），1999（01）：78－82.

争性、差异性和时效性的系统。高校教师激励机制必须具有竞争力，因为对外它要具有吸引人才的竞争优势，在学校内部要发挥留住人才、培养人才、充分发挥教师能力的作用①。差异性体现在激励的相关因素中教师的需求占主导地位，对于需求和精神境界不同的教师应使用差异化的激励手段，而且由于高校激励机制环境的复杂性，同一位教师当他处于不同阶段时主导需求也在发生变化，例如当教师处于助教阶段时其主要的需求是薪酬和提高学术能力；当教师处于讲师阶段时其主要需求是职位的提升；处于教授阶段时其主要需求是精神上的自我实现。在高校教师激励机制的时效性方面，可采用短期激励和长期激励相结合的方法，避免因时间效用的延迟而损害激励效果。高校不仅需要了解和掌握各个时期教师需求水平和结构的变化，也需要注重将正强化和负强化相结合，同时实施物质激励与精神激励，才能取得更好的效果。

第三节　组织认同视角下激励机制的现状与原因分析

一、激励机制低效问题

激励低效，是指薪酬福利、考核评价、职称评定、岗位聘任和荣誉奖励等激励因素无法有效调动教师提升人才培养质量的主动性、积极性和创造性。这主要表现在以下方面。

（一）教师的薪酬福利对人才培养质量提升激励低效

高校在确定教师薪酬福利时都会有明确教学业绩要求，要把参与教研活动，编写教材、案例，指导学生毕业设计、就业、创新创业、社会实践、社团活动、竞赛展演等计入工作量，大大扩展了教学业绩的内涵范围。但是，在现实中这些要求仍主要体现在一些比较简单的量化指标上，如完成一定数量的授课学时，指导一定数量学生的社会实践、专业实习、毕业论文等，教师只要完成任务就可获得相应的薪酬福利。至于教学任务的完成质量，只要教师不在教学过程中出现严重的不良行为，一般情况下均不会作为考虑因素。因此，教师的薪酬福利基本上与人才培养质量没有直接关系，教师在备课、专业和课程建设、教学研究与改革、指导学生等方面的额外投入和努力，并不能为其带来额外的薪酬福利。

（二）教师的考核评价对人才培养质量提升激励低效

尽管教学工作通常都会包含在教师年度考核和评优评先的考察范围内，但由于教学工作本身的特点和评价指标不够科学等因素，教师在人才培养工作考核上的差距并不明显，

① 岳文闻，刘亚丽，朱慧萍．高职院校教师激励制度探究［J］．中外企业家，2014（17）：142.

导致科研成果经常成为决定教师考核评价排名顺序的关键影响因素。科研成果比较突出的教师往往相对容易在考核评价中取得比较好的成绩。

（三）教师的职称评定对人才培养质量提升激励低效

职称评定对人才培养工作有具体要求，高校应把认真履行教育教学职责作为评价教师的基本要求，把课堂教学质量作为主要标准，提高教学业绩和教学研究在评审中的比重，突出教书育人实绩，注重对履责绩效、创新成果、人才培养实际贡献的评价。一直以来，对教学工作的刚性要求仅仅体现在完成的授课学时数量上，而并未对人才培养质量进行考察评价，科研成果成为决定教师职称评定的核心要素。尽管当前不少高校在"破五唯"背景下，强化了职称评定环节中的教师教学质量的考察评价，甚至实施了教学质量、师德师风一票否决制度。但是，教学业绩的全面科学、具体可行的评价指标体系并未健全，教学工作要求仍是"宽、松、软"，相关规定比较抽象笼统，缺乏具体、可操作的实施细则。

（四）教师的岗位聘任对人才培养质量提升激励低效

虽然不同级别的岗位有不同的教学工作要求，但这些区别主要体现在一些比较容易区分的量化指标上，例如教学竞赛获奖数量、教学研究立项等级、教研论文数量等，无法真正体现人才培养质量的不同要求。因此，真正对岗位聘任具有决定作用的仍然是科研成果的质量高低和数量多少。

（五）教师的荣誉奖励对人才培养质量提升激励低效

尽管每个高校均设置了一些教学奖项，但这些奖项覆盖面较小，不能有效涵盖人才培养全过程、全领域；同时，获奖教师比例较低，奖励力度较弱，影响力有限。另外，不少综合性、系统性、全局性的高层次教学奖项，如国家级专业、课程、实验中心和实践基地建设项目、教学成果奖等，普通教师难以有效发挥主导作用，作为主要负责人申报成功的可能性较低，所以这些奖励无法对普通教师产生有效激励。目前，高校的教学激励基本上是少数契合激励措施的教师获得激励，而多数教师则对激励无感①。

二、高校激励机制管理实施问题

（一）高校管理部门对现代师资管理认知不够充分

随着市场经济不断发展，传统的高校人事管理和现代师资管理之间存在很大的差别。高校人事管理的部门工作者，工作思路大部分都是和传统的工作方式比较相似，和现代师资管理的要求不够吻合。高校的教职工一般认为激励机制事实上是提供物质奖励的一种方式。可高校教师是典型的知识型工作者，和其他的企事业单位当中的员工需求有着很大的

① 胡石清，乌家培．外部性的本质与分类［J］．当代财经，2011（10）：5－14.

不同。只是物质奖励很难满足高校教职工的实际需求。而且高校教职工个性差异相对比较大，使用相似的激励机制，也很难达到理想的效果①。

（二）高校教师激励机制中个人利益与集体利益失衡

在传统师资管理中，对于教师的认知一直都存在一定的误区，过于注重教师的奉献，并且要求教师服从整体利益。这样的认知是非常狭隘的，也让教师这个职业受到了人们的误解。如果只是注重集体利益，对教师个人激励却予以忽视，就会让激励机制产生失衡。除此之外，目前教师所发表的论文以及科研成果是评聘职称非常重要的衡量标准，如果只是片面重视科研成绩，忽视教学成绩，也会出现激励机制失衡的问题。还有一些教师在评上教授、解决职称问题之后，授课时数较少，甚至不授课，反而在社会上承担着各种兼职，这种过于追求个人利益的行为也会导致公私失衡。

（三）高校教师激励机制中缺乏配套考核晋级制度

在高校师资管理的过程中，缺少较为明确的教师的晋级以及嘉奖等相关制度，因此激励机制很难发挥出理想的效果。教师提高个人收入最重要的方式就是晋升专业职务。如果晋升途径不够规范，就会使教师工资待遇产生一系列不平衡的现象。在专业职务晋升的过程中，很有可能会被各种因素所影响，特别是有些学校是按资排辈来进行的，不完善的晋升考核制度，使得教师工作的主动性和积极性被削弱，从而对教师教育能力产生负向影响。

三、激励机制低效原因分析

（一）高校教师激励模式过于单一

高校教师激励模式过于单一，无法调动教师教学主观能动性。目前“部分院校只注重物质激励，缺乏全方位的激励机制”②。另外，不少院校通过有效方式提升教师待遇以切实满足教师的物质需求，这毋庸置疑是一项有效的激励方法。但部分高校在建设激励体制时往往忽略了教师情感与精神需求，导致激励的效果不佳。在我国高校教师看来，学校所采取的激励措施虽然对调动教师工作积极性起到一定作用，但持久性较差。再加上学校教师在很多方面都存在差异，如果仅仅采取单一的激励措施，那么激励效果是可想而知的。这样一来，对学校提升办学水平并没有帮助，更容易使得教师自身产生不公平心理，既不利于实现教师自我价值的提升，又不利于增加教师对高校的认同感，也就无法激发学校教师的工作主动性。

---

① 高硕．高校教师队伍管理中的激励机制分析［J］．中国教育导刊，2007（02）：97－98.

② 赵雪专，裴利沈，张争，等．高校教师绩效考核激励机制的完善探究［J］．当代教育实践与教学研究，2020（9）：146－147.

（二）高校教师薪酬制度划分不明确

薪酬是对教师工作付出并且能够体现教师工作价值的直接表现形式，能够第一时间激发教师工作主动性和提升教师的工作效率。目前，我国的高校教师薪酬制度仍然存在很多问题，比如教师薪酬划分不明确、制度包含的层面很少等。这样的问题很容易影响到教师个人对待工作的态度和耐心。还有就是我国很多地方的教师薪酬制度往往是在教师的职位上进行划分的，具有片面性。于是学校教师就会设法通过发表论文等方式提升自己职称，对于教学工作的质量和内容往往漠不关心。如果教师职称没有达到相应的要求，教师就不能够得到理想的报酬，教师也就容易失去对工作的积极性和努力向上的态度。现在的高效教师薪酬制度其实并不适合每一个组织机构，再加上现在的市场体制和人才流动性很大，很难吸引水平较高的教师加入到高校教学工作中，因此，很难促进高校教师的发展和教学质量的提升。

（三）高校教师评价与考核方式形式化

“教师评价体系与考核方式对于高校教师的发展和质量的提升是很重要的”①。我国很多地方的教师管理工作，对于教师进行评价和考核是过于形式化的。一方面，部分高校教师评价工作主体单一。教师在整个教育教学过程中的工作考核大多由上级领导进行评定，教师自主评价往往不涉及。另一方面，部分高校教师评价缺乏明确的评价标准，这样一来，对教师的考核结果会很不准确，而且没有注意到教师个人的特点。另外，部分院校评价结果未向教师公布，致使教师无法了解自身在教学过程中存在的问题和不足，因此也就无法对教学工作进行反思和提升。最后，一定会影响到教师评价工作的结果，而且也不符合这项工作开展的目的和意义。

四、高校激励机制管理实施问题成因分析

（一）未能深层次分析教师需求

“激励体制需要根据教师自身的需求来进行构建。”② 一方面，由于现在很多学校自身的教学工作管理体制、激励政策基本上是由学校领导制定的，作为任课教师往往是很少有机会来表达自己的意见和看法的，通常都是很被动地进行工作。另一方面，学校管理人员往往会忽视教师们自身的需求和特点，因此没有办法了解到每个教师到底有什么需求。教师对待工作的需求得不到满足，即使是政策制定出来了，也是不全面的。学校最终制定的激励政策会让很多教师觉得不合理，认为方案缺乏公平性，引发教师不满的情绪。未能深

① 于剑，韩雁，梁志星．高校教师发展性评价机制研究［J］．高教发展与评估，2020，36（2）：59－68，112－113.

② 熊会．基于“双一流”建设的高校教师管理激励机制研究［J］．企业改革与管理，2020（3）：78－80.

层次分析教师需求的学校制定出来的激励政策往往会打击许多教师的教学工作积极性。

（二）薪酬制度与职业规划尚不完善

近几年，我国高校不断进行扩招，随之在教师薪酬这个方面得到很大的进步。尽管如此，我国很多学校的教师薪酬制度依旧不完善，再加上我国大部分的教师在收入和消费上还存在着很大的差别，这就会让许多学校的教师对目前所提出的薪酬方案不满意，造成现在的薪酬制度在对教师的激励方面的作用不明显。另外，学校教师自身的职业规划是否很好地制定也极大影响着教师激励机制的制定。完善的教师职业规划在很多时候能够帮助教师在工作中不断进步和发展，不断发挥自身的技能。当然还有部分教师缺乏对自身的规划，因此很难呈现理想的教学效果。

（三）教师绩效考核机制制定不科学

科学制定教师绩效考核机制对学校教师的工作表现和教学效果进行评价的作用很大。目前对于我国高校来说较大的困难就是仍然没有一个科学的教师绩效考核机制，这对于教师来说是很重要的。现在的绩效评价基本上用分数来衡量，并不能够站在客观的角度上总结学校教师们的工作现状。这对于教师是否能够积极向上、满怀责任心影响极大，也就无法起到有效的推动作用。另外，部分高校的绩效考核只是对教师任务完成情况的单纯评价，对教学过程中的工作表现和努力层面没有进行完全的考核，整个绩效考核没有体现激励原则，从而使绩效考核无法实现公平性和激励作用，以至于在教师中产生了反感绩效考核的情绪以及形式化、作假化应付绩效考核的做法。

第四节　组织认同视角下高校教师激励机制提升建议

一、加强组织认同

教师的组织认同与职业认同共同影响其工作态度和行为倾向，在评价教师的认同水平时，应避免割裂组织认同与职业认同，而应将两者统一起来客观分析。针对教师在组织认同与职业认同两个维度上存在的不理想状况，本书分析了影响不同类型教师认同感的因素。作为互利共赢的双方，高校与教师要缔结心理契约，维持稳定和谐的关系，不断提升教师认同感。

（一）加强校本教育，明晰办学定位和人才培养目标

对于教师而言，明晰所服务高校的办学定位是组织认同的首要前提。因此，在入职培训阶段，高校要尤为关注教师对组织的了解和认知，开展校本教育，重点培训教师对组织的认知，帮助教师理解本校的办学定位、组织目标、组织架构等各个方面，使教师认识到

本校的发展特色与研究型大学存在的客观差异，从学校定位角度认识组织文化。同时，对于出身名校的教师来说，要以客观的眼光看待学校间的差别，以开放包容的心态认识到组织的定位，理解不同类型高校承担的人才培养目标的差异，比如应用型高校也能够在专门领域做到一流，培养的人才同样受到社会的认可和用人单位的青睐。

（二）构建科学的管理制度，提升教师工作自主性

工作自主性是影响四类教师认同感的关键因素，提升教师工作自主性是构建科学管理制度的重要内容。高校要关注教师的认同状态，为教师构建科学的培养路径和管理制度。一方面，结合教师需求，设计具有针对性的培养方案。在入职期的培养阶段，学校要对教师的培养需求进行前期调研，了解教师在工作中的所需所想，分析教师职业发展中所缺的技能、知识等，使培养方案更具针对性。另一方面，完善以老带新制度，充分发挥传帮带效应。为教师安排具有充足经验且负责任的老教师，从教学技能、科研方式等各方面引导教师顺利度过适应期。在提升教师工作自主性方面给予教师成长时间和空间，特别是在入职初期减少无关事项的干扰，给予教师一定的工作和科研自由，使教师更加灵活、自主地开展工作，感受从事教师工作的魅力和优势，使教师更加喜爱和认同这一职业。

（三）营造有温度的组织文化，提升教师满意度

有温度的组织文化是对教师价值、尊严的尊重和重视。对于教师来说，外在薪酬能够在一定程度上激发其认同感，但内在的人文关怀对其认同感的提升有着更深层次的作用。有温度的组织文化更能够打动教师，从其内心深处激发起对组织的信任感和依赖感，从而提升认同度和工作满意度。一方面，畅通教师参与学校管理事务的渠道，积极鼓励教师参与组织管理，树立“命运共同体”意识，引导教师为组织目标共同努力，不断增强教师的主人翁意识；另一方面，关注教师的心理状态、工作情况、生活状况等各方面，从后勤保障、活动支持、公平激励等方面给予教师物质和精神的双重“人文关怀”，帮助教师形成组织概念，提升组织认同感。

二、完善激励机制的内容

提高我国高校教师激励机制的实施效果，从完善激励机制内容方面考量应体现在物质激励和精神激励两个方面，保护教师合理合法的权利，给予教师物质和人文关怀，以此促进一支稳定且高素质师资队伍的形成。

（一）物质激励

根据马斯洛需求层次论和公平理论，每个人都有物质需求并且希望自己受到公平合理的待遇。完善物质激励内容应体现在以下四个方面：改进绩效考核制度、优化职称评定制度、加强在职培训体系的针对性以及给予教师其他方面的物质辅助。

1. 改进绩效考核制度

为了提高现有高校教师绩效考核方法的客观性，优化绩效考核机制，可以考虑实施360绩效考核法。这种考核方法有很多优点，如可以对绩效考核信息进行全面系统的反馈、操作过程相对简单、有利于评价主体和客体之间展开沟通、用更少的时间完成考核工作，最终实现对绩效考核目标的全面考核①。360绩效考核方法主要包括五个步骤：明确考核内容、选择考核主体、管理考核过程、反馈考核结果、合理运用考核结果，这五个步骤相互联系形成一个完整而持久的体系。

第一是确定考核的内容，高校首先应确定考核的主要内容，可以从四个维度进行考核：学生考核、部门考核、科研考核和督导考核。学生考核是反应教师教学质量的最直观因素，因此在教师绩效考核过程时学生考核应该占据最大的权重，这可以通过在学校官网的系统中让学生填问卷来完成；部门考核也是教师绩效考核过程的重要组成部分，主要是针对部门教师的日常教学工作来进行考核；科研考核主要是对教师每年论文发表情况与申请科研项目进展状况所进行的综合性考核；督导考核可由学校设置专门的督导组来对教师绩效进行考核，由于督导考核过于偶然，所以不宜占据过高比例。

第二是选择考核主体，高校可以设置以下人员作为教师绩效考核的主体，包括该教师所教授的学生、领导、同事，以及辅导员、教学秘书等其他行政人员。不同主体考核教师时的侧重点会有所不同，这样有利于更全面地了解教师的优缺点。

第三是管理考核过程，高校可以根据本校实际教学状况自行确定恰当的考核周期，不同考核主体采用不同的考核方法。当学生作为考核主体时可以让学生在本校官网系统填写问卷对教师进行考核；教学督导可以采用关键事件法来考核教师。绩效考核方法应该多样化，考核的主体需要匿名，也应对考核对象分批次进行考核，但必须说明无论哪种考核方法都应对考核标准提前进行详细说明，确保绩效考核的公平性和可信度②。

第四是反馈考核结果，绩效考核完成后应尽快把考核结果反馈给考核对象，要求考核对象审视自己存在的问题，制订详细的修正方案。在这个过程中我们应把握两个要点，首先要选定合适的通知教师绩效考核结果的人，考核对象的直属领导是最好的通知人选，因为其对考核对象有更全面的了解便于沟通和交流；其次是主管部门要对教师绩效考核的结果进行分析，并帮助教师制订改进计划，为教师提供有针对性的咨询服务。通过以上两点能够有效地提升教师的绩效，确保其今后在绩效考核中取得满意的结果。

---

① 周玉宇，饶星，徐石海．基于360度考核模型的高校实验技术队伍绩效评价［J］．实验技术与管理，2014，31（07）：219－222.

② 秦亮生．试析“360度反馈评价法”在高校教师绩效评价中的应用［J］．中国成人教育，2007（09）：47－48.

第五是合理运用考核结果，为了有效利用绩效考核的结果，我们可以从以下几个方面入手：一是实现绩效考核结果与教师的薪酬挂钩；二是可以对绩效考核结果进行排序，并将结果公布，这样不仅可以使绩效考核处于前列的教师感到荣耀，也能够激励排名暂时落后的教师；三是采取绩效考核末位淘汰制，根据绩效考核排名的结果可对排名靠后的教师减少相应的课时和奖金，排名越低工资越低，这样可以使教师一直有紧迫感；四是将绩效考核结果与教师职称评定对接，对于想晋升职称的教师考核结果必须达到学校要求的排名，通过以上方式也可以提升教师对绩效考核工作的重视度。

2. 优化职称评定制度

改善高校教师职称评定制度首先是要明确评价的指标，随着高校与企业合作的深化，高校与企业在教学、科研、社会服务等方面的关系越来越密切，通过教师职称评价体系指标的设置，有利于加强和引导教师积极为企业和社会服务、探索技术成果的转化、促进校企合作，实现共赢的目标。因此高校需要进一步对指标进行分类，将教师参与企业技术研发的内容、方法和效果纳入评价指标，并注重教师在关键技术领域的贡献，更好地了解企业和社会对教师的满意度，在此基础上对教师的职称评定进行衡量。

其次是完善评审专家连带责任制。在高校教师职称评审中评审专家作为评估的主体发挥着至关重要的作用。目前高校教师的职称评定制度，评估专家的权力过大，他们想投票给谁、如何投票，不需要承担连带责任，正是这一漏洞导致少数专家由于个人原因或利益关系采取了不恰当的行为，从而影响职称评定的公平性。因此评审专家权力的运用必须在一定的制度范围内对其形成有效的监督，实施评审专家连带责任制，将他们的权利和责任结合起来，保证评审的严格性，清理评审中的作弊行为。这种制度实质是对评审结果的公正性和有效性进行了保障，建立起了各利益主体相互制衡和监督的有效机制。

再者是增强学生评教的可信度。学生评教是高校教学评价的重要组成部分，对衡量教师教学水平具有重要意义，具有指导、预防和激励的作用，能有效地改善教学，促进学生和教师共同发展。为了提高学生评教的可靠性，应用合理的方式进行学生评价，首先要纠正学生对于教学评价的态度，提高他们的责任感；其次采用匿名的方式，避免学生在评教时不敢根据自己的真实感受做出评价①。学生评教的主要目的是发现教师教学中存在的问题进而改进教学，提高教师的教学能力，所以学校的教学管理人员应及时地将教学评价的结果反馈给教师并督促其改正，而不是粗暴地采取惩戒措施。

最后，规范同行评审。在高校的同行评审制度中评审主体包括学术委员会的专家和教师的同事。学术委员会的专家一般应由具有正高级职称以上、在本领域具有较高的学术声

① 宋彦军．高职院校学生评教的异化及其修正［J］．中国职业技术教育，2017（29）：20－25.

望和学术水平的教授担任，由校内专家和校外专家按照一定比例组成；同事的相互评价主要是对教师师德、教学态度、教学能力的评价①。同行评审在教师职称评定中发挥着重要作用，但是同行评审长期受到人为因素的干扰或多或少都存在着评审组专家对朋友过分褒奖，对有私人恩怨的教师进行贬低的现象存在。因此要建立科学的同行遴选机制，避免出现外行评审内行的现象，需要综合考虑评定专家的学术能力、职业道德和专业标准，同时也可以聘请企业的高级技术人员进行联合评估，在评审过程中应实施回避原则以确保评审结果的公正性。

3. 加强在职培训体系的针对性

高校教育的目标是培养专业的人才，所以高校教师的在职培训也要注重其实践技能的形成，但是当前我国高校教师在职培训仍以理论知识教学为主，教师参与实践的机会较少，造成高校“双师型”教师队伍建设成效并不显著。为了促进教师专业实践能力的提升，首先应根据行业的发展趋势、社会经济热点以及教师的实际需要来决定培训内容，更新高校教师培训的专业理论知识，为高校教师的素质培养提供平台；其次将理论培训与实践相结合，通过实际操作使教师更容易理解理论知识，从而掌握实际技能；最后让企业和行业协会参与教师培训内容的设计，他们更能把握行业未来的发展趋势、结合岗位的实际需求来确定培训内容，保证教师在职培训的有效性②。

科学合理的高校教师在职培训评价体系，是保证高校教师在职培训效果显著的重要环节，如澳大利亚高校非常注重教师在职培训过程中对各个环节进行监督和评价，从而保证了高校教师在职培训的效果和质量。目前我国高校教师在职培训的评价体系还不是很完善，对培训效果的评价仍停留在表层，更多的是采用培训结束后的终结性评价。因此，为了保证培训效果，必须建立一套系统的高校教师在职培训评价体系，在培训之前有必要对教师的个人状况进行深入的了解，目的是为其提供有针对性的培训内容；在实施培训时也可以效仿澳大利亚的高校，增大形成性评价的比例，在培训期间不时地进行检验和测试，及时调整培训模式；同时也须设立适度的奖惩制度；最后要及时地将培训结果的评价及时反馈给教师，使教师认识到自己的不足并及时改正。

4. 给予其他方面物质辅助

根据马斯洛需求层次理论，基本的物质条件是生存的需要，高校教师的物质需求主要体现在生活和科研、教学设备的改善上。在改善教师生活条件时必须认识到对于同岗位、同业绩的教师学校所能提供的物质应是相同的，教师物质待遇过低、待遇不公平很容易导致师资队伍不稳定，学校有必要制定合适的措施以加大支持教师创收的力度。在一些其他

---

① 任聪敏．对职业院校质量评估的新思考基于同行评议的维度［J］．职教论坛，2015（22）：48－51．

② 刁双荣．高职教师职业发展的路径分析及培训机制建设［J］．人才资源开发，2018（16）：57－58．

方面也可对教师进行适度倾斜，比如通过增大教师公积金的缴纳比例缓解教师房贷的压力，使他们能够专注于教学；教师物质条件的改善还需要关注教师的家庭情况。在科研、教学设备的改善方面由于职业教育的高成本性，高校的一些设备需要更新和维护，但硬件的短缺制约了高校的发展，不利于教师开展教学和研究。针对这一问题，学校应在硬件设备上进行优化，在具体的实施过程中高校应该根据企业的需求和行业的发展趋势，建立相对应的模拟仿真实验室以促进教师的教学。

（二）精神激励

在调动高校教师的教学积极性时仅靠物质上的激励是远远不够的，还需要从情感的角度对教师进行激励，长期的情感激励对于提高教师责任感和加强对学校的归属感具有良好的辅助作用，这也是提高学校整体凝聚力的重要手段。

1. 疏导教师心理状态

获得理解和尊重是每个人的精神追求，在激励高校教师的时候也应特别注重对教师心理需求的满足。由于人们对高校教育的认识不够深刻，普遍会存在一种偏见，所以相比本科院校教师，高校教师或多或少都会有一种自卑感，学校必须认识和重视教师的这种心理现象。关注教师的心理健康是构建良好的高校教师激励机制的重要依据，要体现一种以人为本的观念，这是学校精神激励的核心理念；重视教师的心理状况除了要为教师提供各种各样有针对性的、缓解心理压力的援助外，也可以为教师提供各种外出培训的机会、提供专家讲座和心理讲座，从而丰富教师的校内外活动，减轻教师的思想压力①。增加教师的归属感不能强硬地要求教师绝对服从，应充分发挥人道主义关怀，使教师能够感受到学校所做的努力，和谐的人际关系是教师具有强烈集体归属感的前提，也是对教师进行精神激励的基础。

另外，学校也应引导教师自行关注心理健康，帮助教师清晰地认识到自己的心理和精神状态，自行寻找问题，只有教师能够意识到自己身心存在的问题才能及时反馈给学校，从而获得帮助。建议教师将视野从局限于个人的发展上升到全国职业教育领域的发展及走向，如此才能明确自己的工作具有重大价值。

2. 给予教师充足信任

高校教师在工作中还需要得到组织充分的信任，这份信任更多的是来自于学校领导的信任，高校的领导层在划分和落实职责时要充分考虑教师的能力，做到用人不疑、疑人不用，坚持这一原则和理念，真正了解教师的日常工作。工作是反映员工能力的一种手段，员工做自己喜欢的事会产生激励效果，因此领导层应加强对教师能力和兴趣的了解，建立

---

① 冯力婉．论高校为教师创建良好的人文环境［J］．统计与管理，2014（08）：171－172.

灵活的工作制度，为教师提供一个展示自己的平台；当教师意识到自己的努力得到了学校的认可和支持，自然会主动地提高自己的工作能力和教学水平，以获得更大的个人成就感。根据麦克利兰的成就需要理论，任何员工都需要用知识和能力来证明自己对组织是不可或缺的，因此必要的工作授权就变得十分重要。建议高校深入调查各级教师的工作内容，按照人岗匹配原则进行人员配置，学校还可以采用聚会、外出旅游等方式，来增进与教师的情感交流，使得精神激励发挥更好的效果。

3. 形成荣誉正强化

荣誉激励就是通过一系列的奖励活动对教师的工作进行肯定，满足了教师自我实现的需求，应体现竞争性、公开性、示范性的特点①。荣誉激励的前提是对教师的工作绩效进行了公平的考核，这就涉及物质激励方面关于绩效考核的要点。在进行公正、合理的考核之后，可以通过设置“优秀教师”奖对教师的工作进行正强化，在符合学院规定的前提下对教师进行适当的职位提升；再者为最大限度发挥“优秀教师”的影响力，可在学校举办优秀教师经验分享交流会，通过学校官网、校园微信公众号、校园广播等多种媒介进行宣传，这既是对优秀教师的表彰，也是对其他教师的激励，从而促进学校“你追我赶，人人争优”氛围的形成。

（三）实施有效的保障

高校教师激励机制的改善涉及各个部门之间的协同合作，为确保激励机制的改善原则和内容都能得到有效的实施，应从加大资金支持和完善制度建设两个方面实施保障措施。

1. 加大资金支持

高校教师激励机制的改善在一定程度上必然会导致学校财政支出的增加，为了保证各项激励措施的顺利实施，必须要有充足的资金保障。首先，高校应高效地使用资金，可以通过加强内部管理以避免资金的浪费，例如建立资金使用的绩效评价体系，对资金的投入和收益进行考核，力争发挥资金的最大效用；其次，学校可以通过加强校企合作，为企业输入人才来寻求企业资金上的支持；再者，可以通过与往届优秀的校友进行联系，获得校友对母校发展的支持。高校可以通过以上措施开源节流，秉持着合理使用资金的原则，既有效地提高高校教师的工作满意度，又不给学校增添过多的财政负担。

2. 完善制度建设

高校教师激励机制改善方案的落实不仅需要在资金上得到支持，在制度上也需要得到保障，我国应建立和完善管理规章制度，以作为教师激励机制优化方案的依据。学校应从遵循教师激励机制的优化原则入手，从顶层设计教师激励机制，积极引导各部门相互配

---

① 柳清．高职院校双语教师激励体系构建研究［J］．教育现代化，2019，6（10）：81－83.

合、共同实施制度建设。具体措施为：首先学校应在党组织的领导下设置以书记为首的工作小组，为设计方案的落实提供充分的组织保障；政府的教育部门也要做好教师激励机制制度的建设，与高校携手建立一套合理的管理体系。只有在合理的原则的指导下完善激励机制的内容，加之提供一系列的保障条件，高校教师激励机制才能得到有效的改善。

三、提升激励方式的针对性和灵活性

（一）分层分类激励

高校教师在不同的人生阶段常伴随着压倒其他需求的主导需求，这也是高校教师行为的当前驱动力量。因此，高校要想实现有效激励，关键是要在充分分析个性化特征的基础上掌握高校教师的差异化需求，并采用相对应的激励方式进行实施。高校的管理者应加大高校教师队伍建设的资金投入，优化高校教师的工作、生活和科研环境，为高校教师提供与其特长爱好相适应的工作，不断搭建成长平台和提供展示机会，让高校教师有充分发挥才能的舞台。一方面从内部激励出发，引导高校教师树立正确的人生观和价值观，使其认识到教书育人的重大社会价值，从而对自己从事的这份工作产生强烈自豪感、使命感，工作的潜能和热情也将被激发；另一方面从外部激励出发，拓宽沟通渠道，及时了解教师各种困难并积极解决。当然秉着共性角度出发，高校管理者也可以把具有共同需要的人划分为同一个群体，建立相应的激励制度，并有效处理好不同的制度间的关联，从而构建长效运转的内部协同体系。例如，相对职称和收入都较高的高校教师，在激励时须注重满足更高层次的精神需要，通过荣誉和情感激励，充分发挥他们的主观能动性；对于职称和收入较低的高校教师，在激励时则应侧重于物质激励，为其提供更多的提升和锻炼的机会。

（二）优化岗位匹配

结合高校教师的特点构建一个依据岗位特点和自身情况匹配的开放信息平台，搭建一个向社会证实人生价值、追求生活意义和事业成功的平台，让高校教师能够实现更大的人生价值。比如，高学历的高校教师在学科专业建设和学术研究方面特别突出，如果让他们负责高层次课程开发和专业尖子生的培养，就会得心应手；艺术类学科的教师普遍学历不高、科研能力不足，但他们思维活跃，能与时尚潮流接轨，捕捉到学生的前沿需求，富有创造力，动手能力较强，就可以发挥所长任教艺术类兴趣课程或参与校园文化打造。有些工作需要有专长的教师承担，如指导不同专业学生参加技能大赛、演出活动等。学校可以提前发布岗位需求信息，让高校教师竞聘上岗，这样岗位就能自然而然地得到优化，并且高校教师在自己喜欢的岗位上也能创造出更多的业绩。

（三）实施工作丰富化

激励职工的重要方法之一就是可以通过增加工作内容深度让员工的工作更有趣和更富

有激励性，并让职工对自己的工作进行规划与控制。为丰富高校教师工作，高校应尽可能地为高校教师提供一些展示的平台和机会，适当地增加其工作的复杂性，避免长期从事单一工作而产生的职业倦怠心理，提高其工作积极性。因为高校教师思维活跃，能跟时代接轨，高校管理层还应鼓励高校教师参与到具体工作方案和管理规章制度的制定过程当中，授予他们在工作职责范围内的知情权和参与权，畅通民主反馈渠道，多听取他们针对工作方案和制度的合理化建议；同时在工作的执行过程中，管理者还可以下放一定的工作决策权，允许高校教师在确保按期高质量完成工作任务的前提下，自行安排工作任务的实施方式和实施进度，让高校教师在比较自由的工作空间尽情施展自己的才华，提升其工作的积极性和创造力，圆满完成工作任务后也能满足高校教师的责任感和成就感，实现正向激励。

（四）畅通高校教师晋升渠道

高校教师在成长发展过程中需要有畅通的上升通道来激励其自身产生动力，通过努力实现晋升提拔的目标，畅通晋升渠道能给高校教师的晋升提供支持和保障。教师感受到晋升氛围后，会朝着自身设定的目标努力工作，从而实现职务或职称上的提升，同时高校教师工作的责任感和使命感也会随之增强，有效验证了“有为才有位，有位更有为”。在这个过程中就需要有公平、公正的评聘制度和监督制度来维护其权益，根据实际情况进行合理的调控，以保障晋升机制正常运转。

一是实行竞争上岗机制。高校要打破目前的岗位聘任制实施过程中依照领导想法或职称资历固定岗位的现状，将每个部门定岗定编，实现岗位专业化管理，全校流通发布，由教师自己选择合适的岗位竞聘上岗。这样的竞争上岗机制可以对高校教师产生有效的激励。

二是打通不同类型的晋升通道。目前在我国高校教师的晋升有职务晋升和职称晋升两种，那么对于那些爱好并擅长行政管理的教师可以给予一定的职务晋升激励，对那些学术型人才就可以畅通其职称晋升通道。针对高校教师反馈的晋升过程中的公平问题，高校应注意在职务或职称晋升上做到勤提醒、严把关，全过程公开、公平、公正，切忌出现以领导偏好为主的暗箱操作。否则高校教师会对晋升公平性产生怀疑，打击了工作积极性，甚至产生消极心理。

第四章　高校教师教育模式研究

第一节　基于现代信息化的高校教师智慧教学模式的概述

一、智慧教学的概念界定

（一）智慧

智慧是一种解决问题的能力，同时又与智力相区别。“智慧”通常包含心理学意义上的“聪明、有见解、有谋略”和技术上的“智能化”两个不同层面上的含义。① 但近年随着科学技术的发展，人们又将智慧一词更多用于形容信息技术智能化。

1. 哲学视野下的智慧

至今为止，智慧一词都是一个很难界定的概念，它涵盖着多方面内容。《辞海》中对智慧的解释是，“对事物能认识、辨析、判断处理和发明创造的能力”。② 冯契从实践唯物主义和人性自由发展出发，第一次系统地提出“智慧学说”，他认为智慧是认识发展的最高阶段，智慧追求的是无条件的、绝对的、无限的东西，转识成智是一种质的飞跃，目的在于培养一种自由的人格，以人生的价值需要为内涵。③ 也有学者认为智慧是人所特有的，是人本性的需要，人的物质需要和精神需要是智慧生成的内在动因，是人们基于物质需要和精神需要认识与改造客观物质世界和主观精神世界的各种实践活动。形成了“智慧”的概念界定：智慧是人基于个体的需要，在自然、社会和人本身三个领域内达到真、善、美相统一的实践活动。④ 这里的智慧主要是从人的发展层面出发，是人的一种高级综合的解决问题能力。

---

① 刘晓琳，黄荣怀．从知识走向智慧：真实学习视域中的智慧教学［J］．中国电化教育，2016（3）：14－20.

② 聂风华，钟晓流，宋述强．智慧教室：概念特征、系统模型与建设案例［J］．现代教育技术，2013，23（07）：5－8.

③ 祝智庭．智慧教学新发展：从翻转课堂到智慧课堂及智慧学习空间［J］．开放教育研究，2016，22（01）：08－26＋49.

④ 景星维，吴满意．论网络思想政治教育的新理念［J］．思想政治教育研究，2019，35（06）：143－148.

2. 科学视野下的智慧

随着科学技术的发展，我们已经进入了一个人工智能时代，大数据和信息化发展意味着这是一个充满挑战的时代。人工智能的使用和目的在于减少人们复杂的劳动，帮助人们学习和生活，通过计算机或者机器模拟人的行为。近年来，随着人的发展需求和对科学技术的关注，人们逐渐将智慧与信息化结合，人们常将智能与智慧混合，认为智慧是以数字信息化和互联网为基础。利用传播平台与媒介，智能化的实现对信息的获取、处理、传递与分析，将信息技术与人的结合，形成智慧发展。

（二）智慧教学

要理解智慧教学，需要对智慧教学的概念内涵有所了解。国内最早对智慧教学的权威论述来自华东师范大学祝智庭教授，提出智慧教学是在信息技术支持下为发展学生智慧能力的教育，旨在利用适当的信息技术构建智慧学习环境，运用智慧教学法促进学生开展智慧学习，从而培养具有良好的价值取向、较高的思维品质和较强的思维能力的智慧型人才[①②]。由此概念可以看出，智慧教学不仅涉及教育信息技术的创新与教学环境的构建、教学方法的创新、教学活动的创新等教育教学的各个方面，还涉及价值观方面的教育。

1. 智慧教室

关于智慧教室的概念，主要是基于已有的研究基础上进行归纳与总结，学者们主要从信息技术角度对智慧教室的概念进行分析。黄荣怀、胡永斌等人认为智慧教室是一种能优化教学内容呈现、便利学习资源获取、促进课堂交互开展，具有情境感知和环境管理功能的新型教室。[③] 陈卫东、叶新东等人认为智慧教室是一个能够方便对教室所装备的视听、计算机、投影、交互白板等声、光、电设备进行控制和操作，并能适应包括远程教学在内的多种学习方式，以自然的人机交互为特征的，依靠智能空间技术实现的增强型教室。[④] 聂风华、钟晓流等人认为智慧教室是为教学活动提供智慧应用服务的教室空间及其软硬件装备的总和。[⑤] 总的来说，智慧教室是实施智慧教学的环境条件，是一种有形的外部条件，是依靠智能技术手段构建的一种增强型教室，为学生和教师服务。

2. 智慧课堂

要厘清智慧课堂的概念，首先要区分智慧课堂与智慧教学，智慧教学是教育的一种过

---

① 祝智庭．以智慧教育引领教育信息化创新发展［J］．中国教育信息化，2014（9）：4—8.

② 祝智庭．智慧教育新发展：从翻转课堂到智慧课堂及智慧学习空间［J］．开放教育研究．2016，22（1）：4—8.

③ 黄荣怀，胡永斌，杨俊锋，肖广德．智慧教室的概念及特征［J］．开放教育研究，2012，18（02）：22—27.

④ 陈卫东，叶新东，张际平．智能教室研究现状与未来展望［J］．远程教育杂志，2011，29（04）：39—45.

⑤ 聂风华，钟晓流，宋述强．智慧教室：概念特征、系统模型与建设案例［J］．现代教育技术，2013，23（07）：5—8.

程和要达到的一种境界，与智慧课堂有明显区别。智慧课堂是实施智慧教学的主要战场和主载体。目前我国对智慧课堂的概念并没有明确的界定。智慧课堂是以崭新的智慧教学理念为指导，积极借鉴翻转课堂应用实践的成功经验，对翻转课堂进行重塑和升级，为当前阶段技术支持下的智慧教学提供典型范例。智慧课堂将课堂由课内延伸到课外，由物理环境延伸到网络虚拟环境，形成了智慧学习空间。[①] 即智慧课堂是由增强型的智慧教室与教学理念的转变组成的，教师是智慧课堂的管理者、智慧教学的实施者。“智慧课堂”依托智能课堂开展教与学活动，促进学生智慧发展，以构建主义等学习理论为指导，以促进学生核心素养发展为宗旨，利用物联网、云计算、大数据、人工智能等智能信息技术打造智能、高效的课堂；通过构建“云—台—端”整体结构，创设网络化、数据化、交互化、智能化学习环境，支持线上线下一体化、课内外一体化、虚拟现实一体化的全场景教学应用；推动学科智慧教学模式创新，真正实现个性化学习和因材施教，促进学习者转识为知、智慧发展。[②] 智慧课堂具有教学决策数据化、评价反馈即时化、交流互动立体化和资源推送智能化的基本特征。

3. 智慧教学的概念

人的发展视角：从教学主体（教师、学生）出发，包括教师的智慧教学与学生的智慧学习，教师的教学除了要教会学生掌握知识，更重要的是教学生学会思考，即如何转识成智的问题。大学是学生学习的一个特殊阶段，区别于之前的学习，更多的是学会将已知转为智慧，即前文所讲的转识成智的问题。注重学生能力培养，而不是简单地灌输知识，学生有效地将其内化才是思政课智慧教学的重点。根据学生发展特征，针对性地进行个性化教学。要厘清智慧教学概念首先要厘清智慧教学与教学智慧之间的关系。智慧教学与教学智慧是所属关系，教学智慧是智慧教学中的一个理念，即教师的教学智慧。智慧教学包含了智慧课堂。

信息技术视角：智慧教学发展分为三阶段，分别是起步阶段（2009—2013 年）、发展阶段（2014—2016 年）与应用阶段（2017 年至今）。第一阶段主要是理论构建和环境建设阶段；第二阶段是智慧教学技术发展和实践应用；第三阶段主要是偏向人工智能发展。从信息技术层面看智慧教学，其与智能教学含义一样，即运用人工智能、信息技术为媒介传递知识。除此之外，由于受到信息技术条件的限制，智慧教学的开展必须构建智慧校园环境，只有在一定的智慧的环境和条件下，构成智慧课堂，智慧教学才能有效展开。

结合以上两种视角，智慧教学主要是指利用大数据、云计算、移动互联网现有教育技

---

① 刘畅．WICS 模型及其对大学创业教育的启示［J］．人民论坛，2015（20）：137－139.

② 林屏．总参、总政联合颁发《关于加强和改进院校政治理论课教学的若干问题（试行）》［J］．思想教育研究，1994（3）：37－37.

术与教学资源、教学服务、教学数据、教学评测、教学方法相结合，重在培养学生转识成智能力的一种教学模式和教学体系。

（三）智慧教学与相关概念

1. 数字教学与智慧教学

数字教学是信息化环境形成的基于各种数字技术的新型教育形态①。数字教学的发展目标是通过多媒体技术、数字化资源、专题网站等信息化形式开展教育活动，从而提高教育教学质量和效率。数字教学作为传递知识的媒介和工具，辅助教师和学习者实现学习目标。

智慧教学作为数字教学的高级发展阶段，整合了云计算、大数据、虚拟现实、物联网等新型信息技术，为学习者提供动态生成、持续进化的开放性资源，同时根据教育教学应用情况配套环境与管控，满足学习者个性化的学习需求，真正构建以学习者为中心的智能化生态环境。

2. 智能教学与智慧教学

智能教学是技术赋能的教育，其核心主要体现在三方面：一是计算智能的数据分析决策；二是感知智能的人机自然交互；三是认知智能的教育角色模仿。智能不等于智慧，我们无法将技术或工具作为改革创新的突破口来实现一种理想的教育形态，智能教学始终无法成为教育的核心。

智慧教学强调遵循教育规律，以教育教学体系和制度为基础，整合思想、规则、方法与工具，人机协同发展，充分借助智能设备准确、高效、定量的优势，为人类提供信息帮助和反馈，来提高人的思维效率，从而增强人的智慧。智能教学和智慧教学的关联是一致的智能新结构，智能教学是智慧教学创新发展的实践路径。

二、智慧教学的优势

（一）教学资源更加丰富

网络可以无限连接教学资源，为教师教学提供内容丰富的参考资料。教师使用高性能计算机进行搜索，能够获得大量教学素材，包括理论类和实证研究类文献，国内和国外最新资讯，正在探索的观点和存在争议的观点，石油、化工、制药生产企业的设备、设施使用过程中形成的经验和案例等。经过选择和加工整理，教师可以将最新科研成果、最新论点和相关信息引入教学中，使学生了解本学科的前沿知识；或者通过引入相关文献，从不同角度支撑和分析教材内容，加深学生对某一知识点的理解；或者将有价值的资料存储下

---

① 杨继林，谢小琴．从教育传播学角度看数字教育的潜力［J］．中国教育技术装备，2013（3）：30－32.

来，为今后的课程教学建立后备“资源池”。另外，教师还可以利用计算机的超速检索优势，用检索到的内容现场回答学生的提问，使学生完全信服。事实证明，教师拥有了大量的教学资源，在讲课时就能准备充分，从而有效拓宽学生的视野，启迪学生的思维。

（二）课堂教学更加集约化

所谓课堂教学的集约化，就是在有限的课堂教学时间里，合理地组织、实施包括现代科技手段在内的一切教学活动，以尽可能少的时间、精力和物力投入，取得尽可能好的教学成效。随着数字和网络技术及教学配套设施的不断升级，课堂教学越来越倾向于智慧教学、集约教学。尤其针对一些需要数据和计算的专业，在课前，教师可以利用数字技术，在电脑上制作字体大小适中、色彩区分明显的文字或图表，以吸引学生的注意力。这样做既能节省课堂写板书的时间，又能起到提示重点、关键点的作用。课堂上，教师在示范讲解计算例题时，将自变量代入公式后，可以直接借助网络云计算得出最终答案，而不必把时间花费在补习高等数学知识上。对于一些重复的计算，教师可先制作智能小程序面板，输入规则、推理演绎或样本引导模块，用于辅助课堂教学。借助这种小程序，计算过程可以自动、快速、准确地显示出来。教师制作的全部课程教学视频、微课、慕课，都可以上传到学校的教学资源网络平台或自媒体平台上，供学生反复学习。此外，教师还可以利用自己的平板电脑、笔记本电脑等电子设备，延长教学时间，拓展教学内容。借助多媒体技术辅助教学，可以为教师节省出更多的时间，用于讲课或者与学生互动交流，并根据学生的学习情况完善教学方案和措施。

三、智慧教学的条件

智慧教学需要一定的条件支撑，以满足学生的个性化学习需求。除了常用的雨课堂、学习通等在线教学工具外，还要根据课程教学需要建设智慧教学条件。智慧教学条件一般包括智慧教学物理环境和网络资源。

（一）智慧教学物理环境

智慧教学的物理环境常常以智慧教室为载体。黄荣怀、胡永斌等人指出，智慧教室的智慧性应体现在内容呈现、环境管理、资源获取、及时互动、情景感知五个方面[①]。这些功能的实现，除了需要桌椅、讲台、黑板之外，还应具备由智慧黑板、多媒体设备、录播系统、即时反馈互动系统、在线教学系统等构成的智慧教学物理环境[②③]。智慧黑板具有内容便于呈现的特点，教师在授课过程中可以根据学生的学习状态，对重点内容进行圈点

---

① 黄荣怀，胡永斌，杨俊锋，等．智慧教室的概念及特征［J］．开放教育研究，2021，18（2）：22—27.

② 刘军．智慧课堂：“互联网＋”时代未来学校课堂发展新路向［J］．中国电化教育，2017（7）：14—19.

③ 尹合栋，于泽元，易全勇．智慧教室评价指标体系的构建［J］．现代教育技术，2020，30（3）：80—87.

与批注，对板书进行存储，方便学生课后回看。录播系统可以将课堂授课内容进行录像，便于学生线下复习。即时反馈互动系统可以实现即时的师生互动、生生互动以及人机互动的信息获取与分析管理。在线教学系统方便教师、学生实时获取线上教学资源。

（二）智慧教学网络资源

智慧教学学习空间和时间的拓展主要得益于在线教学资源的不断丰富与完善，具体包括数字化的教材资源、教学资源、图书资源以及教学资源管理平台①。有了这些网络资源，学生能够更加智慧地获取知识并广泛应用。在线教学系统会根据学生的不同需求精准推送学习资源，满足学生个性化的学习需求，并全程记录、分析学生的学习动态。

第二节　基于现代信息化的高校教师智慧教学模式的基本内容

一、智慧教学的特点

（一）基于教师角度智慧教学的特征

1. 知识获取的便利性

智慧教学使教学活动不仅仅局限于课堂、课本，而是拓展到网络和移动终端，可以不受时间和空间的限制。在人工智能技术的支持下，学生的学习需求可以更加快速便捷地得到满足，加快了知识传播的速度；教师在知识传授方面的职能有所弱化，更多的教学精力放在了学生思维培塑和能力培养上。

2. 能力培塑的显性化

智慧教学环境下，教师课堂教学的重点是培养学生的能力、启迪学生的智慧，而这些需要学生通过深入思考和亲身实践来获取。在学生掌握知识的基础上，教师重点系统梳理知识之间的联系，对教学内容进行优化设计，并引导学生开展交流活动。学生在课堂教学中不仅能体会到突破知识难点时的兴奋，而且能在深入思考中发现知识之间的联系及应用效果，体会到更深层次学习的乐趣。教师在此过程中不仅仅能够了解学生对知识的掌握情况，更能感受到学生通过思维活动显现出深度交互的教学效果。

3. 效果监督的全程性

在原有讲授式教学活动中，教师往往在潜意识中有“我讲明白了，你应该明白”的惯性思维，虽然能够通过作业了解学生的学习情况，但学生学习状态信息获取的实时性、教

---

① 尹合栋，于泽元，易全勇．智慧教室评价指标体系的构建［J］．现代教育技术，2020，30（3）：80－87.

学活动的效率限制了教师所采用教学策略的灵活性。教师课上不能实时准确地获取每名学生的学习信息，不能准确分析其学习状态，难以实现个性化教学。智慧教学过程中，师生互动、生生互动、师生与智慧环境之间的人机互动，都被全程记录下来。通过分析过程数据，得到最真实、最精准的教学效果评价，更能准确分析每名学生的学习状态，有利于教师开展有针对性的教学辅导。

（二）基于高校角度智慧教学特征

通过智慧教学，高校能充分利用优质数字教育资源优化作业设计，高校智慧教学的特征表现为：依托智慧数字平台，满足学生个性化的高校智慧学习需求；依托智慧技术，适时开展创新性的体育学习活动，建构智慧型学习组织“两胜两化”的智慧教学特征，有利于动态监测、精准反馈学生学习数据，教师精准备课，高效开展体育教学活动，从而让学习真正发生，保证高校智慧教学真实有效。

1. 智慧教学测试的数据化

用数据说话，依托数据了解一堂课中学生的学习时长与效果，有利于指导课程教学，细化教学评价；智慧教学会对学生测试各个项目中未达标的问题进行数据分析，并根据实际情况为其制订专业、系统且具有针对性的学习方案，帮助学生准确解决问题并提高学习能力。

2. 智慧教学推送的个性化

智慧教学可以根据学生学习的需求，个性化推送教学资源与信息，并依据学生当天的学习状况和需求即时进行个性化的消息推送、网上答题测试等学习项目，且可记录下学生的学习过程。

3. 智慧教学的情景交互性

情景交互既是学习的目的也是学习的手段，在智慧教学中通过案例演示、再现情境、角色扮演、语言描绘等方法将课堂引入一定的情境之中，为学生创设和开拓一个广阔的实践空间，促使学生深刻理解理论知识与更好地掌握技能。智慧教学情景交互支持生生互动，师生互动还支持人机互动，多方位之间的互动，教学过程中学生可在模拟场景中互动，在情景互动中体验团结合作的重要性，明确教学目标。课内与课外情景相结合，线上与线下情景相结合，理论与实践情景相结合，以上情景交互，有利于充分调动学生的各个感官，激发学习兴趣与效率，提高学习能力以及培养学生分析问题与解决问题的能力。

4. 智慧教学的高效性

教师能够依据学生需求选择适合的教学内容，节约备课时间，在短时间内寻找最有效的学习方法与内容；在教学方式上，智慧教学运用信息科技，选用多种多样的教学方式，提升课堂教学效率；在教学大纲中，教师通过平台提供的方案进行精心策划，既有助于学生之间和谐相处，也有利于学生自主参加课堂教学，推动了课堂教学活动的高效开展。

二、智慧教学的理念

在人工智能渗透各行业各领域的时代，智慧教学肩负着培养智慧人才的使命①，培养智慧人才是智慧教学的最终目标。因此，立足社会技术飞跃和国家发展战略，众多研究集中于教育信息化背景下智慧教学的涵义外延以及教学任务转变。章立萍、史梦颖等人提出智慧教学是在教育信息化的背景下智能与教学的融合，是充分利用现代信息化手段培养创新型智慧人才的过程②。智慧教学时代智慧教学的理念包括三部分：技术先行、能力为主、教学创新。

（一）技术先行

第四次工业革命证明了科学技术是第一生产力，智慧教学平台以科技创新为基础，重构了传统教育教学的时间、空间二维系统，为智慧教学提供了强有力的硬件保障。首先，在空间上，学校和教室将不再是主要的知识获得场所，实体空间中以智慧教室为代表的新型教室逐渐进入大学课堂，智慧教室是教育信息化的必然产物，推动了教学方式、教学场景、课程评价等教育领域内的各项变革，以传统教室为主要教学情境实现质的优化，实现环绕式多媒体搭建和网络应用覆盖，强调个性化教学和学习方式，推动传统灌输式向混合式教学方法转变，虚拟空间中云计算、物联网、数字化校园突破了传统学校的围墙形态，重视全过程教学管理。其次，在时间上，智慧教学能够将课程实时转播和录播，配合多人协同合作教学，基于大数据分析技术，能够完整记录和分析课堂教学内容。技术先行是智慧教学系统中教育质量的有效保障，新一代的人工智能技术，已经成为推动人们教育理念、教学方法、学习方式转型的外部力量，为知识经济飞速发展中的教育事业提供持续成长动力。

（二）能力为主

教育领域内技术与人在不断融合中实现双方的价值，但“技术的价值在本质上就是人的价值”③。技术变革同样作用于人的生成和改变上，培养具有创新思维和创新能力的一代新人，是学校教育目的和课堂教学目标的核心诉求④。在教育信息化时代，“能力为主”是教学主体必备的专业素养：其一，体现在教师的智慧教学知识技能上，即能够熟练地运用

---

① 王明月，吴金航．智慧教学视域下的教师教学素养：意涵、结构与发展［J］．教育科学论坛，2022（16）：62—65.

② 章立萍，史梦颖．教育信息化背景下智慧教学的理念、实质和发展图景［J］．教育信息化论坛，2022（05）：21—23.

③ 许良．技术析学［M］．上海：复旦大学出版社，2005.

④ 蔡宝来．教育信息化 2.0 时代的智慧教学理念、特质及模式［J］．中国教育学刊，2019（11）：56—61.

现代教育科学技术，根据实际教学情况灵活调整技术设备，选择教学方法，着重强调教师对于智慧教学的“知”和“行”；其二，体现在高度的智慧教学自觉意识，即保持学习科技的积极性，以乐观心态面对教育领域发生的重大变革，客观看待“技术绑架课堂”带来的担忧，在人与技术的争端中，教师能够直面危机与挑战，充分发挥主观能动性调控心态和行为。“能力”是智慧教学得以落地的前提，也是教育自身的重要目标。

（三）教学创新

与传统课堂教学不同，智慧教育时代的智慧教学是基于技术与能力的创造性行为发生机制。网络信息的随机性、不确定性和开放性等特征为智慧教学提供了动态变换的交流情境，教学创新集中体现在教育实践的灵活性和不可复制性上。未来的教学在理念上，是将师生观演变为引导者和自主学习者的关系，教师不再是知识的传输者，而是摒弃死板教条式的说教和灌输，通过平等、民主的方式与学生建立良好的师生关系，学生亦非被传输者的身份，主动学习、积极探索是智慧教学创新环境下学生的常态。在教学组织方式上，教学创新将“教师中心化”转变为“教师去中心化”，承包式教学被自主合作探究所取代，师生教学、生生学习的生态结构呈平行式发展，在人机协作、实时互动、积极反应等有机成分的添加下，智慧教学萌发创新生机，同时，教师通过智慧教学系统培养学生的内发动机，将因材施教落实到每一位学生身上。教学评价上，传统教学评价注重当下绩效，以终结性评价为主要维度，而智慧教学中教师生成性评价则成为评判教师教学成果的方向标，通过线上线下平台、分时段检测、多方评价等建立全方位、多主体评价机制。

三、智慧教学对教师的挑战

（一）对课程教学目标的准确把握

智慧教学虽然有较为丰富的教学手段，减小了知识传授压力，但这并不意味着对教师教学能力要求降低了，反而提出了更高的要求。智慧教学以培养学生能力为目标，而能力培养的效果往往是隐性的，难以像知识传授那样能够较为准确地把控。隐性的能力培养目标需要教师在备课过程中对课程教学目标有清醒的认识。教师要对人才培养的定位以及课程的内涵有更深刻的理解，能够根据学生能力培养目标，设计课程能力培养方案，寻求合适的智慧教学手段，这对于习惯了原有教学的教师来说是一个较大的挑战。

（二）对课程教学过程的精心设计

课程教学过程设计是课程教学的灵魂，是教师教学智慧的集中体现。在准确把握教学目标的基础上，通过教学过程的优化设计，形成以能力培养为导向的智慧教学具体实施方案与计划，是智慧教学扎实有效推进的前提和基础。在教学理念上，突出学为中心、能力培养、个性化学习需求，分析学生的学习状态、知识储备及其对智慧教学条件的了解情况，明确教学需求、考核方法等内容，尤其应对学生学习过程中出现的问题有一个基本判断。在课程内容设计上，要突出面向能力培养的内容体系设计。在教学策略上，应体现对能力培养目标的针对性设计，对不同教学对象采取相应的对策。在学习策略上，应充分体现学为中心，最大限度调动学生的学习积极性。每一堂课都要进行教学设计，针对每堂课的教学重难点设计教学方法和手段，达成每堂课的能力培养目标。

（三）对教学模式方法的合理选用

随着学为中心的思想深入人心、智慧教学的不断推广，翻转课堂、研讨式、任务式、案例式等新的教学模式层出不穷，但各种教学模式各有优缺点。卢强指出：翻转课堂如仅仅做到形似而非神似，是教学实践效果没有明显提升的主要原因①。因此，翻转课堂要从师生决策、教学资源准备、课堂互动的构建上重新设计，对于教学资源欠缺的课程来说，采用翻转课堂实际上并不能达到较好的效果。案例教学也有一定的应用场景或者适用的课程内容，如数学、英语、语文等基础课程不宜使用案例式教学。智慧教学就是以学生能力获取为目标，要针对不同的教学内容，科学设计不同的教学方法，最终实现课程的教学目标。

（四）对智慧教学条件的灵活运用

智慧教学建立在丰富的教育信息技术基础上，其知识展示手段更加丰富、获取途径更加多元、运用方式更加灵活、教学活动更加多样，因此智慧教学是对原有教学“黑板＋粉笔＋PPT”模式的重大的颠覆性革新。这些新的教育信息技术的运用，使课程教学更加智慧高效的同时，也对教师的教学能力提出了新的要求，教师不仅要以积极的心态拥抱智慧教学，积极开展教学改革，而且要能够熟练运用多种教学工具，才能取得良好的教学效果。

第三节　基于现代信息化的高校智慧教学模式具体运用

一、基于智慧教学的智慧课堂教学设计阐述

（一）信息技术下智慧课堂的解读

教育界对“智慧课堂”的认识主要有两种视角，从教育学视角出发，“智慧课堂”这一概念最初是随着21世纪初的素质教育和新课程改革的推进而提出的，强调从注重知识

---

① 卢强．翻转课堂的冷思考：实证与反思［J］．电化教育研究，2013（8）：91－97.

传授的“知识课堂”向注重智慧生成的“智慧课堂”转变①；但随着物联网、云计算、大数据等为代表的新兴信息技术的诞生及其在教学中的应用，“智慧课堂”被赋予了新的内涵与意义，当前学界普遍使用和关注的“智慧课堂”衍生于IBM“智慧地球”战略，立足于信息化视角，强调信息技术与教育教学深度融合和具有高阶思维能力的智慧型人才培养。

从语义学出发，“智慧课堂”属于偏正结构，“智慧”作为修饰词，规定了智慧课堂的本质属性；“课堂”作为中心词，明确了智慧课堂的主要内容。因此，要理解智慧课堂的内涵，我们首先需要明晰何为智慧课堂之“智慧”、何为“智慧课堂”之“课堂”。

1. 智慧课堂之“智慧”

智慧课堂的定义中，关于“智慧”的表述包括“智慧”和“智能”。其中与“智慧”搭配的短语包括：智慧能力、智慧生成、人的智慧；与“智能”搭配的短语包括：智能化、智能化运用、智能信息技术、智能评价、技术智能。由此可知，智慧课堂中“智慧”的内涵主要包括指人和指物的双重属性。

指人属性的“智慧”立足于心理学与教育学视角，指向教学主体的高阶思维能力的发展，与智慧课堂的育人目标与教学策略密切相关。心理学视角的“智慧”是指“聪明、机敏、有见解”，体现在智慧课堂育人目标上，即培养具有较高的智力水平、正确的决断力、良好的沟通合作能力和具有创造意识、批判性思维等高阶思维能力的“智慧型人才”。教育学领域借鉴了心理学的观点，并将自身规律融入其中，体现在智慧课堂教学策略范畴，融教师教学机智和学生个性化学习为一体的智慧教学。“技术的智能化”是信息技术下智慧课堂的另一层“智慧”属性，指物属性的“智慧”落脚于信息化视角，侧重智能技术对课堂教学的赋能，与智慧学习环境和智慧教学技术工具紧密联系。表现为创设集技术增强的智慧教室及虚拟网络学习空间为一身的智慧学习环境，以及有效利用物联网、云计算、大数据、人工智能等智能技术，在智慧化教学、智慧学习、智慧化评价、智慧化管理、智慧化服务等方面实现与教育教学全领域、多场景、全过程的深度融合，从而实现信息技术下的智慧课堂学习环境的智能化与智慧教学的高效性。

总体而言，智慧课堂的“智慧”包含了指人与指物的双重意蕴，指人属性的“智慧”蕴含了智慧课堂“以人为本”的教育理念和“智慧生成”的教育目标，指物属性的“智慧”反映了智慧课堂“技术赋能”的时代特征。

2. 智慧课堂之“课堂”

通过对以上定义的归纳总结，结合前人对课堂的研究可知，对智慧课堂之“课堂”的

---

① 刘邦奇．智慧课堂的发展、平台架构与应用设计从智慧课堂1.0到智慧课堂3.0［J］．现代教育技术，2019，29（3）：18—24.

理解可以从两个方面入手。

一是明确智慧课堂之“课堂”的范畴。王鉴学者将“课堂”的涵义划分成了三个递进的层次：其一是课堂即教室，以教学环境作为研究内容；其二是课堂指学校的课堂教学活动，实质上是狭义的教学研究；其三是课堂是课程与教学活动的综合体，研究的具体内容涉及课程实施、课程资源、教学活动、教学环境、师生关系等多种教育要素及其相互关系①。通过对上述智慧课堂定义的分析，结合已有智慧课堂研究成果可知，信息技术下智慧课堂接近于第三种理解，是涵盖教学环境、教学资源与技术工具、教师与学生、教学内容与活动、教学流程与策略、教学评价与管理等众多教育要素及其关系的，由表及里全方位，贯穿课前、课中、课后全过程的关乎教育教学中“人—事—物”众要素及其之间关系的课程与教学活动的综合体。

二是了解“智慧课堂”新在何处。上述定义中，学者都不谋而合地强调了智慧课堂是“新型”课堂，这个“新”是相较于传统课堂而言的，其一，“新”在教学理念的变革。用发展的眼光看待课堂教学，重视学生的学习体验和个性化发展，重视教学过程的动态生成。其二，“新”在师生的角色与关系的转变。以促进全体学生的全面、个性化发展为中心，强调师生的主体间性，尊重学生在学习中的主体地位，倡导学生是开展学习活动及进行学习设计的主人翁，教师是学生个性化自主学习、协作性探究学习的引导者和辅助者。其三，“新”在教学目标与设计的重塑。立足于转识成智，基于大数据的动态学情分析和智能诊断，实现精准聚焦学生需求和差异的因材施教与以学定教。其四，“新”在教学内容与富媒体资源的深度融合，智能推送的海量的富媒体资源丰富了以教材内容为中心的知识网络，为学生提供了个性化和多样化的选择。其五，“新”在教学方法与模式的变革。教学活动打破了时空的限制，形成贯穿课前、课中、课后全过程的，线上、线下相融合的，高度开放、立体交互的混合式学习方式新样态，促进了师生的深度交互与学生的社会性与个性化发展。其六，“新”在智慧学习环境的创设。技术不再仅仅担负“呈现知识”的功能，新技术、新媒体、新平台和智能终端为师生的智慧教学提供了智能化的物理环境，丰富的辅助学习、施教、管理的技术工具与开放的虚拟网络学习空间。其七，“新”在教学评价的发展。贯穿教学全过程的基于大数据、云计算技术的“过程跟踪记录”、AI智能诊断，为学生的学习状况和教师的授课情况提供了动态评估与实时反馈，实现了教学评价的全过程贯通与个性化精准诊断。

3. 智慧课堂的核心要义

通过对以上典型定义的归纳与总结，以及对“智慧课堂”之“智慧”“课堂”的深入

---

① 王鉴．课堂研究引论［J］．教育研究，2003（06）：79－84.

分析，可以提炼出智慧课堂的三个核心要义。

一是智慧化教学。教学是智慧课堂的主要活动，智慧课堂以培养具有高阶思维能力的智慧型人才为目标，要求教师关注学生的个性化学习需求和学习体验，在智慧学习环境创设、个性化教学目标定制、教学内容安排、教学组织形式编排、教学策略与方法选择、智慧学习资源开发等方面充分发挥教学机智，以丰富学生的学习体验，进而在教学过程中促进学生的智慧生成。

二是立体化交互。交互是智慧课堂教学活动的重要组成部分，智慧课堂以全体学生的发展为中心，重视师生的主体间性和学生的参与体验，要求充分利用信息技术打破时空束缚，创设课前、课中、课后全过程，班级内外一体化的轻松、愉快、开放的交互教学环境，以形成学生在教学全过程中与班级师生之间以及与班级外部世界学习共同体之间的联结，进而促进学生在深度互动与广泛参与中完成知识的共建、资源的共享、沟通合作能力的提升与全面个性化与社会性的发展。

三是智能化技术。智能化技术的支持是有效开展信息技术下智慧课堂教学的保证。智慧课堂中，技术工具的使用不再仅仅局限于传统的知识呈现，还具备了利用移动互联网、物联网、大数据、云计算等信息技术创设智慧学习环境、变革教学方式和服务教学管理的作用。具有识别情境、记录过程、感知环境、管理服务、联结社群的智慧教学技术工具①的应用，弥补了传统教学在学情分析、学习资源、教学方式、教学评价等方面的短板，智能技术在“资源分层共享”“实时内容推送”“即时反馈评价”“过程追踪记录”“协作互动交流”和“移动通信互联”② 等方面发挥的功能，为实施高效、个性化的智慧教学提供了有力的支撑。

（二）教学设计的主要观点及内涵

美国学者于20世纪初提出了教学设计的最初构想，认为应建立一门连接学习理论与教学实践的“桥梁科学”，形成一套与教学活动有关的系统的理论知识体系，从而实现教学的优化设计③。20世纪60年代末70年代初，在经历了理论与实践的验证后，教学设计以其独特的理论知识体系和结构立足于教学研究之林。对教学设计内涵的理解，学界基于不同的侧重主要秉持以下三种观点。

第一，教学设计是一门系统科学。具体而言，就是“运用系统方法，将学习理论与教学理论的原理转换成对教学目标（或教学目的）、教学条件、教学方法、教学评价等教学

① 黄荣怀．智慧教育的三重境界：从环境、模式到体制［J］．现代远程教育研究，2014（06）：3－11.
② 卞金金，徐福荫．基于智慧课堂的学习模式设计与效果研究［J］．中国电化教育，2016（02）：64－68.
③ 邱婿玲，吴秀君．教学设计理论体系综述［J］．河西学院学报，2008（05）：100－104.

环节进行具体计划的系统化过程”[①]。

第二，教学设计是一门设计科学。这一取向认为教学设计作为一般设计的子系统，本质是“用科学原理及应用来满足人的需要”，因此，教学设计过程应依据具体的学习目标和实际的学习需要，在课堂教学社会性互动中，基于对象和内容的不同而灵活应变，侧重教学设计过程的创造性发挥。

第三，基于泛技术观的教学设计。设计的泛技术观指基于一定的学习与教学理念，开发和利用各式产品形态的工具、媒体和技术，以提高学习与教学能力的系统化实践知识[②]。

通过对上述三种不同取向的观点进行分析比较和归纳整理可知，虽然立足不同的视角，但三种取向对教学设计的界定并不是彼此孤立的，而是相互联系、互为补充的，从不同侧面丰满了教学设计的内涵，即教学设计是系统规划教学系统要素的过程，因此需要遵循教学的基本规律，将教学基本原理转换成对构成教学系统的各要素及其互动过程做出的有利于学生学习和发展的部署与安排；它具有设计学科的一般性质，强调教师在师生互动中对教学问题与师生个性化教学需求的洞察与理解；同时它从属于教育技术学，不同于发现教学规律的理论范畴，其最终落脚点在于有效运用现代技术形成解决教学实际问题、达到教学目的，从而促进学习者发展的最优化实践方案。这三种取向分别体现了教学设计的系统性、灵活性和技术性特点。

二、基于智慧教学的智慧教室架构

智慧教室建设采用一体化设计，自下而上由基础设施到数据，再到业务，最后到大数据分析的理念，设计逻辑架构为智慧教学环境、智慧教学模式、智慧教学分析评估等。

（一）智慧教学环境

根据高校信息化投入的不同，智慧教学环境可以分为标准智慧教室和研讨型智慧教室。其中：标准智慧教室满足高校对原有教室进行低成本改造升级，通过配备基础的多媒体教学设备和接入教室已有多媒体设备，批量化实现了多媒体教室的升级建设，帮助高校快速提升教室信息化水平。而研讨型智慧教室注重教学业务和管理业务一体化，实现多业务一站式的智慧教学应用，支持教学设备控制、环境设备控制、环境状态感知、智慧投屏同步服务、跨屏教学互动、教学数据采集、教学状态感知等。强调空间的可重构性与延展性，为情境式、探究式、讨论式、翻转式课堂教学提供支持，加强师生之间的互动，激发学生学习的兴趣。

① 何克抗．也论教学设计与教学论与李秉德先生商榷［J］．电化教育研究，2001（04）：3－10.

② 高文．试论教学设计研究的定位——教学设计研究的昨天、今天与明天（之二）［J］．中国电化教育，2005（02）：13－17.

（二）智慧教学模式

根据不同的教学需求，打造贯穿课前、课中、课后教学环节的应用平台。通过教学实时数据采集、教学互动应用、教学数据分析反馈等，为课堂教学提供应用服务和数据支持。基于多维度教学环境的构建，智慧教室支持课堂互动教学和在线课程平台，满足混合式教学、翻转课堂、在线自学等不同课程模式的信息化教学应用。

（三）智慧教学评估

通过智慧教室中教学活动产生的数据，智慧教学评估提供教学分析图表和实时预警信息，实时、直观、准确地了解课堂教学的运行情况，为后续教学决策提供数据支持。

三、基于智慧教学的智慧校园建设逻辑

当前，正处在数字化转型的时代，大数据、人工智能、5G 物联网、云计算、虚拟仿真、大数据、区块链等信息技术蓬勃兴起，使教育教学与信息技术的融合势不可当。信息化发展的根本目的是要实现思维工具的数字化、思维方法的数字化、思维模式的数字化。学校信息化发展需要运用先进的信息技术，构建数字化平台，开展数字化应用，而智慧校园建设成为学校支撑与推动数字化转型的起点，为学校信息化发展提供了思维工具、方法和使用模式。

（一）学校信息化发展与智慧校园建设目标一致

学校信息化建设的目标，是利用计算机技术、网络技术、通信技术对学校教学、科研、管理和生活服务等有关的所有信息资源进行整合和管理，服务于教育和教学。而智慧校园的建设目标就是“服务教学，培养人才”，它运用互联网思维，建设各类信息化应用场景，应运而生的是智慧课堂，智慧课堂也称未来课堂，是在智慧教学理念引领下，借助人工智能、大数据、物联网等现代信息技术构建的教学智能化、学习自主化、资源多样化、场景泛在化的教育环境。使教学更加个性化、教育更加均衡化、管理更加精细化、决策更加科学化，客观上实现了校务管理、教学管理、科研管理、资源与服务管理的全面优化与创新，因此，学校信息化发展与智慧校园建设目标都是服务于教育教学，提高学校现代化管理效率、提升人才培养水平，实现教育发展目标。

（二）智慧校园建设是学校信息化发展的有效手段

当今社会已迈入信息社会，全球教育都被打上了信息化的烙印；新冠疫情席卷全球，泛在教育模式成为教育新常态。信息技术对教育的影响已经从改变和优化蜕变为塑造和引领。智慧校园建设以提升学校核心竞争力为目标，运用互联网思维和信息技术整合优化各种资源，以智慧服务方式助力教育教学、教育科研、文化传承等职能。没有教育信息化就

没有教育现代化，智慧校园作为教育信息化的阶段性产物，既是学校信息化发展的技术标志，也是信息化发展的鲜明特色与持续动力。智慧校园建设运筹一切信息化资源和要素，以高效和特色的发展思路，正推动着学校信息化的发展。

（三）基于智慧校园建设的学校信息化发展研究

智慧校园建设，是以教育理念创新为先导，深化信息技术应用、深度技术融合、建设共建共享的智慧校园信息管理服务体系；以信息技术与教育教学的深度融合为核心，精心打造智慧校园，全力营造智慧教学新生态；更好地支撑学校事业发展和教育改革，更好地推动教育思想、理念的转变，更好地服务学生的全面发展，具体应从以下方面下功夫。

1. 加强网络安全，为学校信息化发展提供保证

为规范网络安全保障体系建设工作，学校应充分依托现有的法律、法规、政策、制度、规范，制定本校安全管理、信息化项目管理、公共数据申请审核等相关制度。如网络与信息技术安全管理实施意见、信息化项目管理暂行办法、信息技术安全事件报告与处置流程，以及网络安全事件全校通报机制等。

学校要强化责任担当，发挥好网络安全工作责任制的抓手作用，要成立以校长为组长，其他校领导为副组长，学校各职能部门、二级单位负责人为成员的网络安全与信息化领导小组，定期召开信息化工作领导小组会议和信息化工作推进会，进一步优化网络安全管理体制和协调机制，督促推进学校信息化工作责任的落实。坚持“谁使用谁负责”的原则，各司其职负责本单位网络信息安全。加强信息共享，建立有效的安全信息共享机制。学校在已有智慧校园的架构基础上，引进一些安全防护设备，建立了一体化的防护体系。使用出口防火墙、上网行为审计系统、堡垒机，对所有的服务器登录进行规范。使用入侵防护系统、WEB应用防护系统、远程安全评估系统、域名防护系统，对所有的系统进行安全评估，特别是新上线的系统，必须通过评估后再开放到外网使用。校园网所有用户实现了实名制管理，做到有据可查，溯源到个人。通过校园网可视化管理，实现校园网各个节点尽早发现隐患并及时排除隐患。将已有的数据、设备进行对接，通过数据共享，在态势感知平台上实现设备联动和智能研判，实现校园网的一体化防护。

2. 开展智慧教学，促进学生全面发展

智慧教学是以学生为主体，借助互联网、大数据向学生提供的一种实体教学环境，融合云计算、大数据、互动云等前沿技术的教育信息化教学模式。它以信息化应用技术为核心，建设互联网、数字化、个性化、智慧化、国际化的现代教育教学系统。智慧教学使教学过程不再受时间、空间和师资的限制，对人的个性化发展、学习型社会的建设具有积极的推动作用。在课前，学生可借助移动媒介（如微课、微视频、手机 APP 等）提前浏览和下载学习资料，以了解课程安排、学习目标和课堂要求等，并能提前预习课件、视频、

图片等课程资源。在课程中，通过移动APP、课程网络平台、直录播系统等媒介，学生可进行实时直播学习、在线互动、随堂测试及教学评价等学习活动。在课后，学生可从移动APP、课程网络平台、直录播系统等媒介中下载教学视频进行查缺补漏，并可进行在线提问、讨论和答疑等。通过信息技术与教学的有机融合，营造开放化、智能化、人性化的教学模式。借助互联智慧平台，可以开展混合式学习、翻转课堂、自主学习等教育教学模式改革，调动学生学习的积极性，并提升学生主动参与的意识，能够引导学生发现问题、分析问题、解决问题，从而获得解决问题的新思路。

3. 开展智慧科研，提升科研创新与共享能力

学校应积极打造基于云计算构建的科研云平台，利用科研云平台，可以充分整合各学科现有的IT设备，打造集校内、外先进计算资源、存储资源、高速网络、应用软件及技术服务于一体的一站式平台，以云服务方式为用户提供简单易用、资源丰富、智能调度的云上科研工作环境。科研云平台可以降低科研信息化软硬件的投资和运维费用，提高服务器、存储和网络的利用率。随着科技的进步，云计算将会更好地支撑科研的发展，成为未来学校科研IT环境的主要方式。利用信息技术对学校科研工作开展全生命周期管理，开展智慧科研，有助于提升学校科研创新与共享能力，推进高质量发展。通过科研管理服务平台开展科研过程监控，实现对课题、成果等科研活动的全要素、全周期动态管理。通过科研大数据平台实现与人事系统、财务系统、资产管理系统、档案系统等相关应用系统的对接，形成校内各行政部门横向协同联动的科研信息共享模式，为课题申报和科研合作提供精准的数据支持。

4. 推进智慧管理，推动管理服务模式转变

智慧管理是推动学校信息化和高质量发展的有效手段。要建立全校信息化统一规范和标准，很多学校有多个业务系统，这些系统开发平台各异，数据标准不同，造成系统之间数据差异、不准确，带来一定集成难度。各学校应当做好顶层设计统一规划，建立全校信息化统一规范和标准，已有的业务系统逐步向规范标准过渡，新建的业务系统必须使用统一标准。对已建设的业务系统数据逐一梳理，按照新标准的规则和要求进行数据清洗，然后纳入学校统一的数据平台。

学校要实现教务管理平台、财务系统、资产管理系统、教科研平台、人事档案管理平台等相关应用系统的对接，形成校内各行政部门横向协同联动的共享模式，为学校日常管理提供精准的数据服务。学校食堂、住宿等后勤场所也是校园管理的重要组成部分，在校园智慧管理应用场景中，通过大数据，AI智能技术的结合，让师生得到更加便捷、快速、精准的服务体验。如今天有哪些课程，最近一周美食排行榜等信息能很便捷地获取查询，或者根据合适的时间与地点进行精准推送。通过智慧的管理能有效提升师生满意度和获得

感，从监管层面看，智慧管理能科学筛查异常情况及时向学校相关部门进行预警，从而尽早地发现问题并处理。及时发现异常、及时预警，利用教育大数据技术，打破数据壁垒和数据孤岛，通过网上一站式服务实现“数据多跑路、师生少跑腿”，推动学校管理服务模式转变、提升管理效能、增强机构组织活力，成为学校高质量发展的内在动力。

学校要充分利用物联网与5G技术的结合，后勤部门可以依托全校虚拟数字模型对水、电、燃气主要基础设施以及空调、路灯和其他物联网设备进行实时监控。通过对平台控制设备进行相应操作，即可开启或关闭对应物理设备。设备发生故障时，将及时自动警告并在数字模型上显示故障地点、故障类型等详细信息。

第四节　基于现代信息化的高校智慧教学模式实施面临的现状及问题

一、教师智慧教学运用的不足

（一）个性化缺失、互动性不足（教师）

目前，大多数教学管理人员对智慧教学的理解缺乏的是现代教育理念和方法。这种信息技术的应用更多的是一种固化的传统教学方法。传统教学管理者的共同工作模式是提问—回答单向：学生提问，教学管理者提出问题的解决方案，许多问题是重复的和相似的。教学管理还需要处理教师和学生的一些日常教学事务，如教师因紧急情况无法上课、学生因不符合毕业要求而无法获得毕业证书、培训计划修订涉及的课程变更等。因此，教学管理的内容零散复杂，工作强度高。整合和处理众多高校师生之间的相似问题，有效地处理不同需求的教师和学生，对于教学管理非常重要。

（二）高校智慧教学中教师主体遮蔽

高校智慧教学承载着工具理性的价值，为实现信息社会中人的培养目标而服务，高校教师作为这一重要任务的执行者，承担着价值理性回归的使命。表面上存在科技与人的冲突，实则是工具理性与价值理性的碰撞，被技术裹挟的高校教师存在认知矛盾的风险——科技与人的先后性问题。“智慧教师”有两种内在含义：一是能够熟练运用现代信息技术服务于教学，完成立德树人的教育任务；二是富有教学机智、精熟教学之法、深谙教学之道。在教学过程中，智慧教师是能够熟练运用智慧教室系统等信息化工具使学生成为“智慧学生”、促智为慧的教学过程中的引导者和评价者。

1. 智慧教学主体受制于“技术幻觉”

第一，将“记忆”寄托于人工智能。信息不对称是现代社会回答人们发展差距的主要原因，掌握大量信息就成为群体中独特的优势，人工智能在记忆、检索、提取信息方面远远超出人类，自然而然地“记忆”就成为人工智能的专属技能。同理，高校教师在智慧教学中，将海量信息假借于信息平台之手，进行“1∶1”知识传递，实则是对于智慧教学的曲解，因为人脑和机器之间的显著差异在于对知识的加工方式，机器处理知识是按照设定的程序进行编码、排序、重组和提炼，但自然人对于知识的处理是按照已有知识体系、个人兴趣、感情程度等一系列个人特质进行选择和加工，所以实现教师个体专业发展需要“有所为，有所不为”，人们希望人工智能凭借大数据打破标准化的教育体系，对教育流程进行重组和再造①，但“割裂”的专业性只能听从系统的分配，这一愿景仍需要加以教师自身的“生成性”和“完成性”来完成。第二，信息技术知识接收后缺少内化转变。知识是用来消除不确定的东西，但是“真正有意义的学习”不在于获取的信息量，而在于解决问题能力的增长，高校对于教师的信息技术培训活动开展不在少数，但培训知识在时间、空间上是零散的，无法形成相互衔接的系统，缺少实操的途径。在信息膨胀的时代，获取知识不再是学习者的唯一目标，反而知识充满了开放性和不确定性，因此，当在智慧教学情境中，为达到智慧教学的目标，有意义的学习应以能力为准则而不是以信息为导向。

2. 智慧教学实践“独立性”缺失

人工智能根据学生的基础能力和客观需求为教师提供了详尽的教学方案，最大限度上提升教育管理系统的效率性和稳定性，但数据的选择和人的行动有本质区别，数据的实时更新是建立在多次监测和重复运算的既定现实上。然而，现实中智慧教学系统的引进让规则逐渐透明化，不限时空、打破围墙的教学模式让人人都有机会参与到对课堂的审视之中，配套系统的操作方式成为标准化教学流程，面对新一轮产业革命，由于缺乏理性思考便认为最优方案已经产生，逃避技术自由，导致教育实践环节轮空，被工具理性所取代。另外，教学互动环节中，教学实践的关键节点在于“沟通的氛围”，即教师可以根据自身的主观判断和学生反应，捕捉到细微的表现，适时调整教学风格与课程进度，从而与学生产生一种微妙的思维联系，这也是智慧教学与现实教学难以匹配的一点。高校课堂本应具有高灵活度和自由度，但由于教师信服技术强大的监控作用，屈服于经过特定程序筛选的数字数据，教师无法赋予数据真实的教育意义，教学实践的独立性被绑架，阻碍着智慧教学目标的实现。

2. 智慧教学技术与教师的排异反应

高校教师具有极强的专业性，传统课堂强调教师的“一家之言”，即使脱离书本与教室也能进行知识输出，所以对于高校教师的信息技术能力并没有过高的要求，但随着我国培养多学科交叉性人才的教育目标提出，要求高校教师能够在有限的课堂时间内给予学生

---

① 曹培杰．人工智能教育变革的三重境界［J］．教育研究，2020（02）：143－150.

尽可能广博的知识，此时，教师运用多媒体信息技术的能力短板就反映出来了。再者，教师在时间的赛道上比拼学术成果，“重科研轻教学”的现象屡见不鲜，能够在教学领域内钻研信息技术使用的教师少之又少，因此，高校教师缺乏使用智慧教学系统的热情，导致智慧教室的建立形同虚设，难以发挥智慧教室的真正效用。因此，智慧教室在投入使用中产生一对悖论：科技设计源于大学，却难以实现于大学。同时，先进技术与传统教师之间亦存在着主客体冲突，新时代智慧学习生态系统突显了工具理性，将平面化信息转化为可操作性强的三维立体式教学环境，而传统授课中教学情境更多地依靠教师本身的专业知识与教学智慧，当传统型教师步入现代技术型教育环境中，矛盾与对立就体现在对于智慧教室的使用中，绝大部分高校教师主要利用它来辅助教师的“教”①，学生的学习方式并未发生根本转变。

（三）教师智慧教学理念出现偏差

在推行智慧教学过程中，明确教学理念很重要。教学理念一词被融入到各个学科教学中，获得了广泛认同，为教育界注入新鲜血液。在此背景下，为了进一步加强高校专业性教育，高校生综合素养的提升，亟须加强智慧教学。智慧教学的成功实施，需要各方的支持与配合。学校不仅要配备软硬件设备，组织教师培训，掌握相关的教学手段和技巧，还要让高校教师接受智慧教学理念，并将其运用到日常教学中。随着信息化技术的发展，“互联网＋教育”是大势所趋。

目前，在高校教学中，大部分教师仍处于运用智慧教学的被动阶段，对智慧教学的接受程度低于部分发达地区，部分老教师有畏难情绪和缺乏尝试。大部分教师采用了智慧教学的模式，但是不知自己在使用的是智慧教学模式，没有真正明晰智慧教学的内涵。在具体上课实践过程中，由于理论缺失而影响智慧教学的课堂效果。

智慧教学是“互联网＋教育”大背景下的产物，可以改变当前传统教学存在的弊端，能够有效地提升教学效果，提高教学质量，更好地实现三维目标。在推广使用智慧教学模式的过程中，教师应当不断思考智慧教学真正的意义是什么，为何要推广，从根本上解决智慧教学过程出现的教学理念偏差、滞后等问题。

（四）教师智慧教学方式单一

教学方式单一，教学效果欠佳。传统授课方式场所固定，课时受限，教师以 PPT 课件形式向学生传授学习内容，教学活动往往由教师主导，学生被动接受，缺乏独立思考的能力，对教材中的理论知识缺乏兴趣，对课程内容理解的宽度和深度还远远不够。由于缺乏有效沟通与反馈渠道，导致教师难以及时掌握学生学习情况。同时，学生的课堂参与度

---

① 蒋立兵，毛齐明，万真，等．智慧教室促进高校课堂教学变革的绩效研究：基于课堂教学行为的分析［J］．中国电化教育，2018（06）：52－58．

低，缺乏师生双向交流，无法引起学生对专业学习的兴趣，教学效果不佳。一些教师在使用智慧教学资源时生搬硬套，教学结构与传统课堂教学发生实质的变化。使得智慧教学模式游离于课堂之外，看起来像是应用了，实则换汤不换药。

二、高校智慧教学建设的不足

（一）教学条件及管理有限

一方面，信息化技术的应用越来越普及，但是一些学校的硬件设施不全，教师对新兴的教育技术和教学软件接触少，智慧教学环境受限。一部分教师很想开展智慧教学，但由于学校智慧教学设备配备不足，难以顺利开展真正的智慧教学。智慧教学设备的建设并非一蹴而就，是一项庞大的工程，资金投入巨大，建设周期长。一部分教师在进行高校智慧教学中，无法充分利用这些技术手段，导致呈现出来的教学效果与传统教学差不多，使这些智慧教学设备成为单纯的视频或音频播放器，形同虚设。

另一方面，数据信息化有助于教学管理工作的高效开展。尽管各高校都有配套的教务平台，在实际教学管理的部分工作中，对人工处理仍有一定的依赖性。教学档案管理无法脱离纸质档案，查阅不便，且档案存取不规范增加了教学档案管理的工作量，不利于教学管理效率的提高。从教学管理的工作内容来看，各项教学通知的处理与下发、数据的统计和上报、材料的归档和整理等，都未能全面实现信息化。另外，高校信息化平台多，数据不互通。教学管理平台除了教务系统外，还有其他系统，如质控系统、讲座平台、教学资源库、数据采集等。各个系统数据不完全互通，存在同一数据多次上报的情况。

（二）教学管理流程智慧性不足

大学教学的特点是学生多、学科多。在当前的教学模式下，管理模式和教学管理者任务繁重，责任重大。在教学管理过程中大量的人员数据、科目数据，尤其是不同教师之间使用的智慧教学平台存在差异，虽然记录工作顺利，但无法保证数据在向教务系统或者汇总至教学管理人员进行智慧推送，需要逐个手动推送。此外，教学督导与管理教师的课评也需要纸质评估记录，增加了教学管理人员的工作量，并且在手动操作中容易出错，对教学评价的结果的限制会进一步影响教学质量提高高校教学管理水平。同时，推进教育信息化多媒体教室和智能教室的教室数量迅速增加，类型教室设备越来越复杂。设备易磨损、维修困难维护和管理已经成为高校中的一个主要问题。

（三）智慧教学过程中智慧技术繁杂

在高校中先行的教学技术设施从一开始的多媒体语音教室，到电脑网络机房，再到近些年的智慧教室的建成，为高校日常教学和学生学习提供了极大的便利，但随着人工智能的不断升级，教学技术设施的复杂性逐渐显露，不可控因素成倍增加，由此造成了高校智慧教学中的技术设施不能物尽其用的现象，其主要原因有两点：第一，智慧教室重外在而不重实用，系统设计和现实教学情况相距甚远，不能满足日常智慧教学使用；第二，教师与技术之间存在真空地带，教师信息技术能力的缺失形成了“新课堂，旧方法”矛盾局面，使得智慧教学在开端环节失利，严重阻碍了智慧教学系统的教学效能的发挥。

智慧教室是一种典型的智能空间，其建设重点应是实现信息技术与教育教学全过程、全方位的深度融合[①]，能够大大提升教学效率与质量，但高校教师“不愿”使用智慧教室的原因主要是其功能兼容性差。目前的智慧教室建设仍处于初期阶段，外部的物化远远超过内在的实际价值，由于智慧教室的建设由社会企业设计建造，将智慧教室中的基础管理功能作为设计的重点，多集中于环境控制方面。虽然这些设备在一定程度上提高了教室的智能性，但更偏向于智能家居的概念。[②] 先进的技术设备虽然为智慧教学提供了便利，但是也逐渐偏离智慧教学的主题；另外，智慧教室设计未能满足不同学科的差异性需求。目前大众对于智慧教室的预期是可以实现个性化、开放性学习[③]，但是，人文社科和自然科学有着截然不同的学科属性，人文社科注重逻辑思辨和推理能力的培养，口头相授、辩论演讲、写作阅读等是文科学习的基本方式，注重内生性的思维想象；而自然科学讲究数据收集和实证分析，需要大量样本和反复操作，强化视图形象更有利于学习效率的提升。因此，智慧教室的服务对象基本上是面向自然学科，以强大的信息扩散化特点来实现个性化的教学目标，满足大学生的课程需求，但正如社会学家伊恩·伯基特所说的，我们都是从出生伊始就进入并非自己塑造的社会关系，自我其实是社会性自我[④]，既然“社会性”在教育目标中的概念如此重要，那高校智慧教学系统应该在满足学生个性化基础之上增设社会化需求，为人文社科的教学添加特色化功能。

（四）智慧教学中制度的滞后性

通过知识的积累可以提高权力的质量，信息化发展为高校师生带来学术权力的觉醒与赋值，但同时也为行政管理提供了实时监控的渠道，教师和学生的教学活动在大数据的传输中一览无余，行政权力作为显性存在，在智能使用中有着天然的优势，因此，智慧教学管理权力的天秤更多地倾向于行政一方，而不是智慧教学主体。

教学创新可再生能力生长的关键在于对智慧教学成果的保护，失去庇护的智力成果只会在网络的来回周转中不断被复制照搬，最终失去了本身的价值。

然而，目前高校对于智慧教学中的制度保障存在一定的滞后性，教学管理制度由于缺

---

① 吕恋生，杨冉明，张凯．智慧教室设计及其对传统教学方式的影响［J］．现代教育技术，2019（09）：86—92.

② 李霞，徐宙．智慧教室建设面临的问题及其对策［J］．教学与管理，2021（34）：18—20.

③ 杨红云，雷体南．智慧教育物联网之教育应用［M］．北京华文出版社，2016.

④ （英）伊恩·伯基特．社会性自我：自我与社会面面观［M］．李康，译．北京：北京大学出版社，2012.

少对师生智慧教学过程和结果的保护，进一步造成了智慧教学成果的滥用和再生产能力的缺失。智慧教学理念上的前瞻性寻求面向未来的远大理想，但制度设计仍局限于传统教学，甚至未能注意到智慧教学需要相匹配的制度保护。高校智慧教学中制度的滞后性主要体现在智慧教学评价和智慧教学成果保护欠缺两个方面，二者分别对应了智慧教学主体和智慧教学客体两个维度。

凭借大数据平台，数字化管控带来便利的同时也为教学戴上“枷锁”，教师不敢离开监控范围内，教学活动时间有明确的安排，师生互动被控制在标准程序应用之中，硬性管理与软性平台相脱离；另外，忽视了智慧教学的即时性、综合性，重视传统量化评价。新一代信息技术的发展和应用创新，使得智慧教学在课堂环境、课程资源、学习内容、教学技术和教学方式方面已具备颠覆式创新的条件①。

（五）智慧教学评价体系不足

高校教学评价是根据教学设计中的教学目标，通过有计划、有目的、有程序的方式，对教学及其效果进行客观衡量和科学的价值判断的过程。

在“互联网＋”的教育背景下，智慧教学为教师提供了丰富教育资源的平台，也意味着教师需要接受多种教学评价方式。

在制度化教育体系中，时间、空间的概念性十分明确，教学情境划分清晰，而人工智能的飞速发展逐渐模糊了既定的边界性，消融了客观世界与虚拟世界的框架结构，而在现实中，高校教师遵循着一套教学行政逻辑，期末学生学业评价是评判教学成果的重要指标，当智慧教学逐渐与现实教育相结合后，尤其是信息化时代影响下的大学教育，录播课、直播课、点播课都成为线上教育的主要方式，众多高校教师活跃在网络上与学生实时互动，创造出教师的双重身份属性：现实形象和网络形象。因此，智慧教学依托各种平台进行大量信息传递时，外部干扰增加，即时反馈、课堂评价、课后评价等多种评价方式并存。但智慧教学评价制度依旧沿袭传统方式进行，没有制定专业性、针对性的智慧教学评价指标，使得智慧教学系统“有始无终”，难以通过科学标准评估智慧教学质量。再者，由于灵活复杂的智慧教学评价与现实教学行政评估难以对接，多种评价方式施加于教师，教师“本我”对应着不同的评价标准，沦为评价系统的附庸，由此产生了高校教师职业“形象”与“内涵”的割裂。

同时现有的高校智慧教学评价过于单一。评价的主体是高校教师，教师的权威性使学生处于被动评价的地位，这可能会扼杀学生学习的积极性。考核内容以基础知识和基本技能为主，停留在培养“应试型”人才的阶段，没有向培养“智慧型”人才转变。评价方法

---

① 蔡宝来．人工智能赋能课堂革命实质与理念［J］．教育发展研究，2019（02）：8－14.

也采用结果性评价或一次性评价，缺乏诊断性评价和过程性评价，不结合多元化评价方法。

第五节 基于现代信息化的高校智慧教学模式实施改进意见

一、智慧教学时代高校智慧教学的实现逻辑

被动适应信息技术消磨了智慧教学的活力，专注于眼前效益的“愚”，而忽视了教育生态良好发展的“智”。对于高校而言，智慧教学的促智为慧目标的实现需要从技术、教师、制度三方面进行突破。“技术智慧”意味着智慧教室、智慧培训平台等基础设施的有效搭建和融合；“教师智慧”要求智慧教学实践中正确认知人的有限性和技术的无限性；“制度智慧”代表了以智慧教学理念为导向的智慧教学管理机制的完善。

（一）在人机交互融合中实现“技术智慧”

1. 搭建智慧教学研训平台

首先，信息技术能力短板是高校教师与智慧教学不兼容的重要因素，专注于本学科研究领域的教师，缺少对智慧教学设备使用、课程跟进、指标转型等方面的知识与技能掌握。因此，亟须搭建智慧教学研训中心，通过传统数字技术、远程数字技术、云端技术①在高校教师的网络学术沙龙和观摩学课中，推动教师个体能力提升，形成良好的智慧教学研训氛围。其次，教师的专业成长需要多方条件的支持，尤其是信息技术水平提升需要引入大量资源，除了教师的主观能动性外，学校应积极建设智慧教学研训站点，通过多校合作的方式，定期举行高校教师智慧教学培训，也有助于实现人机互动。另外，高校可对接高新技术企业和社会机构，邀请专业技术人员参与研训指导，提升教师对于教学设备的了解，深化校企合作，形成高校教师学习智慧教学系统技术的群体效应。

2. 推进智慧教室的设计优化

智慧教学系统是否越复杂越好，有待讨论。真正智慧的教学系统是能够有效实现教学目标的技术系统。显然，既有的系统还需要进一步优化。第一，智慧教室的建设要坚持“以教学为中心”的原则。目前高校建设智慧教室盲目追求智慧教室的设计感和科技感，智慧教室落地并不能满足日常教学需要，高校在建设智慧教室系统过程中，需要认真分析教育教学规律，根据不同需求选择不同的智慧教学系统。第二，对统一智慧教室建设的规范和标准及时反馈改进。由于其核心设备没有统一的应用标准，经常会发生教师自带设备

---

① 王志忠．数字化研训教师专业成长的新样态［J］．上海教育科研，2021（05）：75－77.

与系统不兼容的情况，严重影响教学进度，因此，应着力提升核心设备兼容性，保障智慧教室正常平稳运行，使得智慧教学的推进没有硬件设备上的阻力。

（二）在突破技术规格中提升“教师智慧”

1. 强化智慧教师身份认同

诚然技术为教育提供了便利和机遇，但要认识到人与技术的主客体关系，坚定技术是为人而服务的立场，回归教师育人的主体作用，成为能够驾驭人工智能的智慧教师，而不是停滞在技术的限定范围内，这就需要强化智慧教师的身份认同。首先，坚持教师本位。在技术与人争夺教育主权过程中，教师的自为属性应得到彰显，强调信息筛选和过滤，找到符合自己特征的教学方法，积极规划在智慧教学中个人的可操作范畴，保持对人工智能教学价值的理性批判，引导教师价值属性回归。其次，掌握智慧教学机智。相比于传统教学，智慧教学中师生相处模式已发生改变，学生占据快速掌握信息技术的优势，高校教师逐渐处于技术边缘化的位置，传统的教学机智难以发挥作用，因此，教师应借用网络和多媒体平台，弱化教学空间限制，在反复练习总结中摸索出适合自身的教学机智。智慧教师的身份认同养成是一个长期的过程，需要自我觉醒与主体意志萌发，但也是教师掌握并突破技术限制的重要途径。

2. 发挥智慧教学辅助型功能

智慧教学一方面“割裂”了高校教师的专业性，另一方面又赋予教师太多资源以至于失去其“独立性”，给予亦是索取，归根结底是缺乏对技术理性辨识、合理运用的能力。因此，我们需要合理发挥智慧教学的辅助性功能。第一，客观看待智慧教学的无限性。技术本无善恶，强加于身的是既定的程序设定，这表明技术具有中性特质，尽管科技在“棋盘”游戏中已远超人类，但运算速度的提升意味着解决问题进程的加快，技术服务于人的初衷是无法改变的，智慧教学拥有庞大的教育资源，其发展走向仍从属于我们要“培养什么样的人”的目标之下。第二，尽力发挥自身的有限性。新时代高校教师应保持自身内部的平衡来抵抗技术冲击，应从技术盲区增进学生之间的交流，开发创新课程，在有限的时空中延伸教师的能力，努力提升教师智慧。

（三）在智慧教学导向中形成“制度智慧”

1. 完善智慧教学实施机制

现代信息技术的发展要求学习的生态系统要不断与时俱进，高校智慧教学“软性”管理的实践路径也要随之改变，针对行政管理与实践教学脱离的现象，应从学校和教师两个主体出发构建智慧教学管理系统。第一，以高校为主体，在智慧教学管理中建立“友好型”专业提升机制，依托智慧教学项目，邀请一批知名智慧教学专家聚集“名师坊”[①]，定期为教师开展理论技能培训，精准提升信息技术实操能力，对教师进行智慧教学综合考核，为智慧教师专业能力增长提供技术支持。第二，以教师为主体，主动适应智慧教学环境和模式对于教师的要求，增强反思总结能力，根据学生在智慧教学中的过程性评价和结果性数据分析智慧教学情况，将收集到的信息定期反馈给学校，进行制度再调整，不断调控院校决策。

2. 健全智慧教学评价机制

TPACK 作为一个教师专业发展的知识框架，它被视为信息时代教师利用技术开展有效教学的基础[②]，根据 TPACK 建构智慧教学评价机制成为一种重要选择。第一，以智慧教学知识技能为评价基础。包括高校教师对于各种技术知识的掌握程度，科学合理使用各种硬件技术与软件技术、传统技术与数字技术的能力，以满足学生智慧学习需要。第二，以智慧教学自觉意识为增值指标。表现为对智慧教学有积极且持续的关注力，主动参与到智慧教学过程中的意愿，并且对于当前信息的不确定性能够保持积极心态，将促进自身专业能力不断发展视为长期目标。

二、智慧教学时代教师智慧教学的应用思路

（一）基于课堂教学方面

1. 巧妙进行教学设计

教学设计是智慧教学的切入点和突破口，是运用系统方法确定教学预期目标、分析教学问题、建立解决问题的策略方案并持续改进的过程。巧妙的教学设计，能使课程教学变得简单、顺畅且引人入胜。教师要把握知识的合成结构，在教学设计中突出智能因素的作用；根据课程教学要求，结合数字和网络技术构思教学情境、确定教学方法，制订形式新颖、元素突出的设计方案。又如教师可以通过播放与教学内容相关的文字、图表，引导学生思考相关问题。数字与网络技术的应用形式多种多样，教师应合理布局，选用其中一种或几种，力求达到教学内容、教学形式与学生理解能力的最佳匹配。

2. 倾心营造课堂氛围

智慧教学集中表现为精彩的课堂教学，即通过整体优化、创设亮点、关注细节、融会贯通和动态生成等一系列教学手段和策略，达到课堂教学的高水平、高品位、高境界。为

---

① 汤晓瑛，郭大勇，杨怡，等．清华大学教师教学水平的提升是提高高校质量的关键［J］．北京教育（高教版），2013（09）：61.

② 王晶心，王胜清，陈文广．基于 TPACK 的高校教师混合式教学胜任力模型研究［J］．中国远程教育，2022（08）：26－34.

了实现精彩的课堂教学，教师应反复研磨，不断挖掘数字和网络技术辅助教学的潜力，树立信心、保持韧性、勤于动脑、敢于尝试，坚持课堂教学高质量的双重表达。除了实现教学技巧和教学能力的互补外，教师还可以在课堂上同步播放各种生动、巧妙、新颖、风趣、幽默的作品。这些作品或是教师创意和操作数字技术的结晶，或是教师在网上浏览、搜索并下载的资料，它们与教学内容相对应，同教学环境融为一体，具有较高的艺术价值和感染力，对精彩课堂教学的实现具有重要作用。精彩的讲解配合数字与网络技术作品展示，从耳、目、脑“三管齐下”，能够带给学生强烈的信号刺激，在学生的记忆深处留下深刻的印象，从而活跃学生的思维，大幅度提升课堂教学效率。

3. 针对学生发展个性化施教

数字和网络技术具有灵活多样的优点和可重复使用的功能，这是学生智能化学习的必要前提，能够满足学生差异化学习的需要。教学可遵循以学为主、以学定教的理念，充分照顾不同学生的认知特点，有针对性地推送课程内容，让学生依据自己的特长、兴趣自行安排学习，关注重点、兼顾一般。教师可以确定每节课的最低学习目标，并充分利用课堂时间达到目标；同时设定自选内容，强调个性化学习，通过多媒体手段展示内容简介和思考题，作为学生的拓展学习内容。课堂上，教师要有应对意外情形的智慧，在学生提出教学大纲以外的问题时，能够随时调整教学内容，把问题讲解清楚，再适时回归预设的教学轨道。此外，教师要善于开展个性化教学，及时给学习有困难的学生答疑解惑，帮助他们理清思路。

4. 引导学生与网上阅读结缘

智慧教学可分解为“智慧教”与“智慧学”两个方面，教师不能仅仅在“智慧教”上下功夫，还要教会学生利用数字和网络技术“智慧学”。网上阅读是学生借助数字和网络技术进行学习的最佳选择，既能让学生遨游在知识的海洋里，巩固已学的知识、探索新知识，又能让学生逐渐养成知识持续更新的习惯。在教学中，教师可以在课前布置任务，让学生围绕某一问题在网上搜集材料，了解不同的观点并形成自己的见解，然后在课上鼓励学生积极交流讨论。教师平时也可以结合教学内容，利用学生 QQ 群、微信群等分享一些专业性较强的文章，或者推荐一些有价值的参考资料，供学生阅读。学生经常阅读相关文章，掌握文献的写作逻辑和思维方式，就能独立完成学习任务，并在遇到困难时顺利找到解决问题的思路。

（二）基于教师观念方面

1. 准确理解智慧教学内涵

开展智慧教学之前，首先要理解智慧教学相关概念内涵和总结智慧教学的模式与方法，这些可以通过查阅文献或者参加专题培训班来实现。教师通过不断的学习思考和总结，深入理解以学为中心、能力培养、个性化学习需求的教学理念，并不断总结形成适合自己课程的智慧教学模式和方法。

2. 深入思考智慧教学目标

结合自己开设的课程，设计课程教学目标，尤其要深入理解和把握课程的能力培养目标，细化每堂课的知识能力培养目标，开展课程教学设计，细化智慧教学活动，做到教学思路清晰、教学活动环环相扣，充分体现学生主体、教师主导的教学理念。

3. 构建智慧教学相关条件

结合课程智慧教学需求，构建智慧教学条件，可采用引进和自建相结合的方式。引进部分包括雨课堂、学习通等网络教学平台以及中国大学 MOOC 等网络资源，自建部分根据课程智慧教学需要建设智慧黑板、多媒体设备、录播系统、即时反馈互动系统、在线教学系统等相关的物理环境。

4. 积极开展智慧教学实践

智慧教学是在信息技术与教育深度融合的背景下产生的，要教师紧跟教育信息技术的发展步伐，运用教育信息技术创新课堂教学模式，提升自身的信息素养。教师要不断总结、反思智慧教学开展情况，开阔智慧教学应用视野、改进提升智慧教学能力、提升智慧教学产品应用技能。智慧教学让教学活动成为学生掌握知识、运用智慧、能力生成的同时，也成为教师知识积累和教学技能的展示舞台。

三、智慧教学时代智慧教学的实现路径

高校教学管理是高校智能教学有序运行的重要环节。一个合理有效的智能化教学管理系统，实现教学管理的科学化和可持续发展，是促进教学管理发展的必由之路。

（一）加强教学信息资源基础建设全面实现数据共享

1. 建设专项数据库提供信息参考创新工作思路

由于日常教学工作事务的繁杂，没有专人利用整块的时间进行梳理，从而造成在申报教学成果奖、一流专业建设等紧迫的时间节点跟前，教学管理无法及时提供全面、有力的数据支持。基于此现状，教学单位应建立教学成果专项电子数据库，实时登记出版教材、出版教改论文、校市级教改项目、优秀主讲教师等教学成果及获奖情况，同时对数据进行维护、更新。教学成果专项电子数据库既作为未来教学各项工作申报、评比的有力支撑，又作为教学工作的强势和弱势挖掘信息点，为领导层面进行长远规划和布局打下夯实的基础。

教学主管、管理人员应时刻保持学习的态度，在学习总结中不断发展、进步。创建电子学习文件资料库，将每学期校院工作计划、领导发言、工作总结及相关 PPT 等资料进行电子处理、储存。教学主管、管理人员可以在资料库随时进行查看、下载，形成阶段性总结、思考，对比往年同期的工作思路以及成效，从而创新思维模式、构思顶层设计、形成战略决策，推进教学工作稳步发展。

2. 教学培养方案及管理制度电子化加快信息流动获取周期

教学管理的任何行为，都以培养方案为指导文件。培养方案对专业内涵、培养目标、核心课程及学分、毕业要求进行全方位框架设计，学生在高等院校的培养严格按照专业的培养方案来实施。教学管理综合智慧平台应录入培养方案，并进行实时维护，提高管理办公应用的便捷性。

同时，教学管理制度和学生手册指南的电子化梳理十分必要。教学管理制度是规范教学管理行为的制度纲领文件，管理人员进行具体工作时需要查阅相关制度，确保工作的精准。

（二）完善智慧教学管理系统功能提高教学管理效率

1. 流程审批电子化提高审批效率

教学管理部门在高校职能部门中属于比较烦琐的业务部门，是高校核心框架部门，涉及教学设计、教师队伍建设、专业建设、课程安排等诸多方面。教学工作事项任务由上而下布置，任务完成由下而上汇报反馈。教学主管人员的审批程序是必不可少的重要环节，传统的管理方式要求教学主管人员批阅大量的纸质文件后再签字。这给教学主管人员造成大量重复工作。智慧教学管理的新形势下，教学单位基于日常的审批数据，智慧教务系统应针对审批频次高的事项需求升级、优化，如教师调补课、课程替代、学生缓考等申请变更手续。借助教学管理综合平台网络系统或移动客户端，教学主管人员能够快速浏览申请详情，并给出审批意见。

2. 建立网络联动互通确保沟通顺畅

高校本科教育阶段是学生从被动学习到主动学习的过渡阶段，课堂内的沟通十分有限，如果学生在课堂以外的时间需要咨询教师，往往找不到快速、及时的沟通渠道。智慧教学管理系统中教学信息资源应补充完善教师的邮箱信息，增加添加教师私人对话的功能，这在线上线下混合教学的现代教育形势下尤其重要，学生可以通过平台功能随时与教师进行对话，对课程教学疑问向教师寻求解答，减少由于条件限制无法面授时带来的问题，缓解学生心理负担，保障教学效果。

（三）致力精准服务满足个性化需求

1. 毕业审核预处理提前完成预警分析

传统的教学管理人员常用的工作思路为“问题—回复”单向途径：学生提出问题，教学管理人员针对问题提出解决方法。许多问题具有重复性、相似性，在大数据和物联网高速发展的背景下，教学管理人员应转变思路、充分挖掘数据、以预估问题为导向、管理先行，以学生为本，提前进行数据分析，更好地发挥智慧教学管理的预警作用。下面以大四学生第七学期末的毕业审查数据为例，探讨教学管理人员通过对数据进行信息提取来指导学生的可行性方案。

2. 课程替代批量化对接个性化需求点

培养方案修订涉及课程的增减变动。学生重修课程需要跟随低年级修读，但由于低年级培养方案对重修课程进行了删除或者变动，低年级课程与重修学生原培养方案课程不一致，这种情况需要学生向教学管理人员提出课程替代的申请，以满足毕业学分的要求。教学管理人员应根据培养方案修订情况，提前完成智慧教学管理平台的课程替代预案，指导重修学生、学籍异动学生按要求完成培养方案的课程。

（四）充分挖掘数据价值促进教学管理持续改进

1. 大数据加工处理支撑教学督导检查

教学质量的高低直接影响教学效果的好坏，要促进教学质量的持续改进，全方位实时监控和指导必不可少。教学督导组不定期抽查教师教学质量，抽查对象不是随机选取的，而需要结合已有统计数据及情况，有针对性地执行抽查计划。教学管理人员对智慧综合教学平台数据进行综合处理，将处理结果可视化呈现给教学主管人员，以便教学主管人员科学有效地确认抽查对象。

教学平台导出原始数据包括课程名、课程号、上课教师、教学方式、平台链接等基本数据信息，教学管理人员基于主管人员决策的需要，以科学指导为宗旨，增加教学年限、往年同期教学效果评价结果等字段。挖掘优秀主讲教师将其纳入讲课示范人才库，组织人才库教师在院内做讲课示范，为学校及市级讲课比赛做准备。另外选取往年同期教学效果评价低于平均标准的数据，对教学环节薄弱的教师进行定期追踪、指导，形成问题和建议报告，帮助此类教师提高教学水平，从而保障学院教师教学质量的均衡发展。

2. 研发管理效果评价工具促进管理水平持续改进

教学管理工样需要运用管理效果评价机制，进而查漏补缺、持续改进。目前高校一般都有教学效果评价机制，而教学管理评价机制仍不够完善。教学管理人员的工作包括服务师生、处理日常教学管理事务、为师生答疑解惑，对教学平稳运行起着关键作用。教学机构应设计教学管理效果评价程序、研发评价工具、设定评价要素，由教师、学生每学期期末对管理人员进行评价考核，就考核事项如沟通能力、工作态度、解决问题能力、存在问题、能力优势劣势等作具体评分、回答。教学主管人员根据评价机制反馈数据，纠正问题、开展相关业务培训、优化人员配置，有针对性地提升教学管理人员的水平，促进教学管理服务质量持续改进，全面提升教学管理环境。

第五章　高校教师发展中心的建设

第一节　高校教师发展中心概述

一、高校教师发展中心的重要地位

（一）高校教师发展中心的内涵

新时代建设高水平高校教育，全面提高人才培养能力的任务，决定了高校教师教学发展内涵的拓展。我国高等教育已进入全面提质创新的新时代，建设高质量教育体系，需要高素质、专业化教师队伍，来提高高等教育质量。因此，新时代高校教师教学发展的内涵可拓展至以下四个维度：

一是价值能力发展。新时代高校教师个人发展应从职业发展视角拓展到个人与社会价值发展视角。通过道德素养的培育与提升，回归教师从教初心，坚定理想信念，不断修炼道德情操，提升道德素质，成就人格魅力，获得他人与社会的认可，提升个人价值。通过教师“职业”向“事业”的发展，做一个真正能在思想上、心灵上指引学生的指导者和引路人。

二是育人能力发展。专业能力与教学能力仍然是教师发展的两个重要基础，但回归到教书育人，新时代高校教师的专业发展和教学发展应更紧密结合，教师个人既需要在专业研究与专业实践领域有所建树，也需要对自己在专业研究过程中取得的成果如何有效转化为教学资源进行探索。高校教师应将思想政治及教育学作为第二专业，积极探索专业、思想政治教育及人才培养相互融合、创新与协同发展的理论与实践体系，促进大学人才培养质量的提升。

三是学习能力得到发展。将“学习能力发展”单独作为教师教学发展的一个维度，不仅仅因为建设新时代高水平本科教育对高校教师提出了更高要求，还因为我们正处在一个科学技术飞速发展、知识与信息大爆炸的时代，教师面临的困境不是不想学，而是努力学习后还是没能跟上知识迭代的速度；不是找不到学习的资源，而是面对太多资源不知道该如何取舍。在这个时代，高校教师想要成就发展，学会学习或许比单一的知识获取更重要。只有教师的学习能力得到提升，才有可能授予学生学习能力，培养出合格的社会主义建设者和接班人。

四是组织能力发展。从文化视角，激发教师围绕实现教育现代化、建成教育强国的新目标，持续提升教师教学发展各项能力。结合当前大学融合创新发展的需求，构建知识共享体系，促进教师教学创新发展。此外，教师教学发展中心作为基层学术组织的有益补充，应通过培育学习共同体促进教师持续发展和教学能力提升①。

高校教师教学发展中心应围绕价值能力发展、育人能力发展、学习能力发展和组织能力发展四个维度，拓展服务职能，有效推进高校教师全面发展。

（二）建立高校教师发展中心的意义

早在20世纪60年代美国密歇根大学就成立了学习和教学研究中心，这是全球第一个教师发展中心，其产生说明了时代和社会的需求，同时也在学校、学院和教师中引起了不同的利益需求反响。当时，随着越来越多的高校教师进入高校，出现了大量高校教师缺乏教学经验的问题。这就需要相关部门提供教学咨询的帮助和教学能力提升的支持，出于学校层面的教师发展中心应运而生，美国密歇根大学的学习和教学研究中心在这样的背景下正式成立。该中心目标清晰，功能明确，管理完善，组织架构扁平化，组织活动和实施方案多元化，工作人员专业化程度高，人员数量充足。密歇根大学学习和教学研究中心的制度建设、机构运行和职能发挥的组织特征对后来高校教师发展中心的建设具有很强的借鉴意义。自从美国建立第一个高校教师发展中心，开启了高校教师发展中心建设的先河以后，建立高校教师发展中心就逐渐成为世界各国高等教育提升大学教师质量的重要举措。

高校教师需要逐步从单纯的学术研究型教师成长为全面发展的、对高校人才培养有显著贡献的群体。高校教师发展中心建设恰好可以促进专业化、系统性地培养教师的职业能力，促进教师的全面发展，并且有利于深化教育教学改革②。同时，高校教师发展中心设立的是从制度保障角度出发，为教师的专业发展建立健全机制，保证对高校教师的培训制度化、常态化，让高校教师业务发展从经验模式迈向专业模式③。高校教师发展中心的建立可以拓宽教师发展的渠道，对教师的成长发展有系统的规划和设计，提升高校办学质量和丰富办学内涵。高校教师发展中心应当注重学科前沿、社会需求、经济生产发展需要，注重教师的实践能力和“双师”素质，因此在教师发展中心的职能设置上要有所侧重。

自我国高校大规模扩招以来，高校教师数量激增。信息时代学生对教师教学能力的需

---

① 胡锋吉．高校教师教学发展中心建设的理论思考与策略设计［J］．中国大学教学，2013（3）73－74.

② 张浩．教师发展中心在高校师资队伍建设中的实践作用［J］．太原城市职业技术学院学报，2015（7）：43－46.

③ 樊平军．大学教师发展中心建设：问题与对策［J］．中国高教研究，2016（10）：43－46.

求与高校教师教学能力有待提高之间的矛盾日益突出。高校需要解决的一个重要问题就是如何通过提高教师质量来提高办学质量。在相同的教学环境和教学硬件条件下，优质的师资是学校发展的重要保障，教师发展中心则是提供这种保障的职能机构。设立高校教师发展中心的目的就是专门提升教师的专业素质和教学技能，为教师的发展提供政策保障和机构保障，更快、更好地让教师得到发展。各高校的教师发展中心主要围绕教师专业发展、教学素养提升以及个人职业生涯规划开展工作。教师发展中心既有对教师专业能力的促进提升，也有对教师职业生涯规划的引领指导，逐步成为规范化、常态化、组织化的职能机构。但是，目前高校教师发展中心建设中仍然面临一些亟待解决的问题，因此高校无论从建设条件还是自身发展情况来看，都需要更好地做好教师发展中心的定位和设计，以便服务于人才培养这一中心工作。

（三）高校教师发展中心建设的主要内容

教师发展中心的宗旨是服务高校教学科研，促进高校教师发展，其主要内容包括以下几个方面。

第一，开展教师岗前培训，提供教学实践咨询。广大高校教师作为一种教学实践个体，在从事教学理论实践工作过程中，会不断地遇到新问题，发现新问题，因此，也就是说迫切需要使之得到有效的教学指导。高校教师发展中心为高校各类教师个体预备一个可以同时实现"点对点"式的互动探讨高校教学实践问题的咨询场所，为高校教师个体提供一种符合教学个体实际需求的"配送式"的教学问题咨询服务，满足高校教师个性化开展专业技能发展的实际需要。

第二，引导教学改革，推进教学创新研究。加强教师教学发展中心建设有助于加快推进教师教学研究创新，开展教学科学研究。具体来说，教师教学发展中心建设项目可以在校内努力营造并呈现出一种高度关注教学方法的变革，关注教学效果的提升，关注广大在校学生健康发展的良好氛围。从而有效推动教师积极参与学习，研修先进教学方法教育理念、更新先进教学内容、创新先进教学方法和教育模式、改进传统教学策略和完善教学过程结构、总结优秀教学实践经验和研究成果。

进行教学课题研究不仅是作为教师教学发展中心的一项基础性教学工作，也是推动教师教学发展中心追求生存持续发展的强大生命力之源。利用教师教学发展中心的教学资源共享平台，教师可随时开展各种类型的教学课题研究。例如怎样提升大学教师的教学执行力？不同发展阶段中的教师发展有何规律？新进高校教师、中青年骨干教师以及优秀教师发展的途径和方法。此外，除指导中心教学研究工作人员积极开展教改教学研究外，还尽可能积极协调教务部、学工部等部门，针对学科教学改革发展重大问题，提供具有竞争性的学科教改教学研究课程项目，资助优秀教师进行课程教学开发技术创新、尝试教学新方法、探讨教师跨专业跨学科教改课程项目设置，鼓励优秀教师及时将教学科研成果转化成其他教学研究成果，促进教学改革与创新。

第三，汇聚优质资源，搭建交流平台。教师专业发展中心的成功建设，不仅能够为广大教师收集和组织校外优质教育资源，而且能够为包括教育管理人员和资深教育研究人员在内的广大教师建立有效的教师资源共享机制，并为广大师生提供高水平的教育服务。例如，邀请校内外优秀名师领衔专家坐镇，接受教师自身成长与教学相关问题的专业咨询，开展教师自身成长沙龙活动，研讨教师自身成长与教学质量。

二、高校教师教学发展中心服务对象

从目前国内高校教师教学发展中心的理论研究与实践探索来看，教师教学发展中心的服务对象从个体角度主要是教师。许多高校在设立教师教学发展中心时，都将“服务全体教师”作为中心的工作宗旨。但在实践中，由于受到资源、运行模式等方面的影响，教师要达到百分之百参与到中心开展的活动和项目中是非常困难的，最终往往形成了优秀教师主动参与度高，普通教师主动参与度低的局面，使中心最终只能有效服务到学校部分教师群体。从组织角度，教师教学发展中心的服务对象涉及学校管理，尤其是教学管理，主要体现在质量评估、教学改革等职能的履行上。新时代建设高水平本科教育、全面提高人才培养质量的要求，需要高校教师教学发展中心的服务对象在横向与纵向方面做出延伸。

一是由服务部分教师延伸至服务全体教师。高水平本科教育建设不仅需要各高校从战略视角进行顶层设计，更需要将战略落实到每一个教学环节。全面提高人才培养质量需要每一位教师的努力，因此教师教学发展中心应将服务对象覆盖到全体教师。

二是由服务教师延伸至服务学生。新时代高校要把“培养人”作为根本任务，把人才培养的质量和效果作为检验一切工作的根本标准。以促进学生全面发展为中心，既注重“教得好”，更注重“学得好”，激发学生的学习兴趣和潜能，激励学生爱国、励志、求真、力行，增强学生的社会责任感、创新精神和实践能力。新时代高校教师教学发展的核心评价也应以“人才培养质量和效果”为核心标准，培养不出好学生，也就谈不上有好的教师教学发展。高校教师教学发展中心的直接服务对象虽为全体教师，但要服务好教师，必须树立“学生中心”的教师教学发展理念，将学生也视为服务对象，在教师教学发展理论与实践研究中，充分考虑学生特点与需求，使教师教学发展取得更好的成效。

三是由服务教师延伸至服务社会。社会服务是大学的基本功能之一，而教师仍然是大学实现这一功能的主体。高校教师服务社会最直接的路径就是培养出社会需要的人才。建设高水平本科教育、全面提高人才培养能力须坚持服务需求，成效导向。主动对接经济社会发展需求，优化专业结构，完善课程体系，更新教学内容，改进教学方法，切实提高高校人才培养的目标达成度、社会适应度、条件保障度、质保有效度和结果满意度。另外通过教师创造的教学和科研成果也可以直接服务社会。如教师精心打造的课程通过慕课平台，向公众开放，使普通民众享受了可终身学习的优质教学资源，有效推动全民终身学习体系和学习型社会建设；许多研究成果直接转化，产生了良好的社会和经济效益。新时代教师教学发展中心应从服务社会视角开展理论研究与实践探索，寻求教师、学生与社会融合发展的有效机制与路径，促进教师教学全面发展。

第二节　高校教师发展中心建设现状

一、高校教师发展中心建设情况

（一）性质定位

任何组织机构的功能都与其性质定位相匹配，高校教师发展中心的性质直接决定了中心开展的工作。

根据我国高校教师发展中心建设的工作目标，我国高校教师发展中心共有四种类型：

一是教学辅助型组织，这类教师发展中心往往为学校机关的一个科室，挂靠在人事处、教务处、师资培训中心等不同的部门，一般没有行政权力或者行政权力较低，属于为服务教师的机构，一般受限于学校中的定位，教师专业发展相关工作比较薄弱。

二是学术型服务组织，这类教师发展中心主要开展教师发展的学术研究工作，并且通过各种方式服务于学校教师的发展，主要以促进学校教学创新、提高教师教学能力为主要任务。

三是学术与教学服务型组织，这类教师发展中心主要开展学术研究工作和教学服务工作。通过学术研究全面促进教师教学发展，有计划地研究教师发展工作，并且为教师的教学提供各种服务。

四是综合性教学服务型组织，这类教师发展中心一般是校级直属单位，有分管中心工作的校级领导，有较高的行政权力，主要开展教学、管理和服务的工作。①

（二）隶属关系

高校教师发展中心建设的隶属关系主要有两种，分为独立建制型和非独立建制型。独立建制型高校教师发展中心行政权力较大，属于校级直属单位，一般由学校分管教学的副校长直接负责，可以不受其他部门工作的限制自主运行，而且有全职工作人员，如北京大

① 张波，刘进，尹莎莎．高校教师发展中心建设的定位与转向［J］．高教发展与评估，2017（02）：59－66＋109.

学、北京师范大学等高校的教师发展中心。非独立建制型高校教师发展中心行政权力有限，一般隶属于学校机关单位，如教育处和人事处等，还有的隶属于高等教育研究院、本科生院或者教育学院，因此开展的工作受隶属单位的限制，不具有独立开展工作的权力，工作人员一般由挂靠单位工作人员兼任，如中国人民大学、哈尔滨工业大学等高校的教师发展中心。

除国家级高校教师发展示范中心，我国大部分高校都设有非独立建制的教师发展中心。这些中心挂靠在学校的不同部门，虽然这是基于高校的整体安排，但是每个部门都有自身工作的范围，也需要一定的专业性，而教师发展工作同为专业性较强的工作，与其他部门的工作存在一定差异，因此非独立建制型教师发展中心在发挥自身应有的作用时会受制于此。

我国高等教育的不断发展对高校教师提出了新的要求，因此高校应该尽快完善各职能部门工作，界定好各部门的工作职责和范围，充分体现各自的专业性。各高校应根据自身情况，保护教师发展中心的独立性，使教师发展中心发挥其应有的功能。

（三）人员配置

教师发展中心工作人员的结构大多数由主任、副主任、各科室主任和科员组成。独立建制的中心主任一般由学校分管教学的副校长担任，非独立建制的中心主任一般由隶属部门的领导担任，中心主任全面主持中心的工作；中心副主任负责处理中心日常工作，并分管不同科室；各科室科长和科员负责完成主任和副主任安排的具体工作。

另外，因教师发展中心的工作专业性较强，大多数工作人员不具备相应的专业能力，因此目前国内很多高校教师发展中心聘请了各级各类兼职人员，包括不同学科背景的教学名师和专家学者，也有一些中心聘请了教师教育专业的研究人员。

由于目前很多高校教师发展中心的全职工作人员，多为高校其他行政管理部门的转岗人员，因此在思维定式和工作习惯上依然采用之前部门的方式，行政意识和服务意识较重。但是教师发展中心是承担促进教师发展工作的部门，中心工作人员若缺乏相关的教育背景和工作背景，很难使教师发展中心发挥应有的功能，因此今后中心在配备专职工作人员时，应考虑到专业性问题。

（四）主要职责

教育部明确指出高校应该根据自身情况建设教师发展中心，并且积极开展教学改革、咨询服务、研究交流、教师培训和质量评估等工作①。由于我国不同高校教师发展中心的

① 中华人民共和国教育部．教育部财政部关于“十二五”期间实施“高等学校本科教学质量与教学改革工程”的意见（教高［2011］6号）［EB/OL］．http：//www.moe.gov.cn/srcsite/A08/s7056/201107/t20110701_125202.html.

性质定位不同，工作侧重点也不同，大部分高校的教师发展中心都承担如下职责：

教师培训。几乎每所高校的教师发展中心都开展教师培训工作，在培训内容上，包括办学目标、校本文化、师德师风、基本教育理念和各种教学技能等；在培训形式上，采用集体讲座、沙龙、研讨会、教学竞赛等不同的形式；在培训对象上，包括高校当年新进教师、中高校教师、辅导员、专业技术人员、行政人员等。另外，对于新教师的培训以了解校情和基本的教育素养为主，而对中高校教师的培训则注重各种教学理论与方法、教学技能等。

教育研究。部分高校教师发展中心将自身定位为学术机构，所以承担了教育研究工作，开展了教师职业生涯发展、教师专业发展、教学改革等方面的研究。

质量评估。有些高校教师发展中心开展了教学质量评估、教师教学督导和教学诊断等工作。

资源建设。从硬件建设来看，部分高校教师发展中心具备独立的办公和教学场所，如研讨室、教学诊断室、微格教室等；从软件建设来看，大部分高校教师发展中心建有官方网站，有些还有官方微博、微信公众平台等，方便教师在网络资源平台进行学习，从而促进自身发展。

辐射交流。一方面是中心本身的辐射交流，如参观国内外其他高校教师发展中心、加入教师发展中心联盟等；另一方面是高校教师发展中心为教师提供多元化多渠道交流学习的机会，如邀请知名专家给予教师指导等。

其他辅助教师发展的相关工作。如高校教师资格认定、教师职称评定、开展相关教学竞赛等。

二、新高校教师发展中心服务方式

多数高校教师发展中心提供服务的方式，从服务形式角度主要有：第一，教师专项培养项目。通常根据培养群体需求及特点，提供体系化的培养方案，如高校教师教学发展计划、助教项目等。第二，教学专题培训。通常围绕教学某一内容设计培训课程，如教师教育技术培训。第三，主题活动。以更灵活多样的方式围绕一个主题开展研讨或交流，如主题沙龙、午餐会、主题竞赛、学术会议与学术交流活动等。第四，研究项目，即设置一些教学专项研究基金，由教师申请。第五，教学资源，包括教学案例、教学策略、教学工具、阅读书目等。从服务呈现方式角度，主要有现场与在线等方式。现场方式主要是各类培训、讲座、沙龙等；在线方式主要是在线课程、在线教学资源、在线教学服务等。从教师参与方式角度，有主动与被动方式。主动方式主要是一些专题讲座、主题沙龙、教学评估等，需要教师主动申请才能参加，学校不做强制要求；被动方式主要是针对特殊群体所开展的一些专项培养项目，作为任职资格要求，强制教师参加，如针对助教的培养项目、针对高校教师的培养项目等。

新时代高校教师教学发展中心在服务方式上可从以下方面升级，以满足现代技术的发展和高校发展的要求。一是与信息技术的深度融合。教育与信息技术的融合不仅要体现在“教育信息化”过程中，还要积极探索“信息化教育”的问题。每一个专业的人才培养体系、每一门课程的教学体系如何融入信息化知识，提升学生对未来技术发展的适应能力也是值得进行理论研究与实践探索的问题。新时代高校教师教学发展中心可将“教育信息化”和“信息化教育”融入服务方式的每一个内容和环节中，使教师在“信息化”方面得到更多支持与提升。二是与需求的深度融合。新时代高校教师教学发展中心服务方式的优化应更好地探索如何与教师、学生、社会三方面的需求有机结合，让中心的每一项服务都是教师发展真正需要的，激发教师参与的主动性；使中心每一项服务都促进教师卓有成效地产出对学生、对社会有价值的成果，提升教师发展的成就感。通过教师教学发展中心服务方式的升级，切实促进教师教学全面发展。

三、教师发展中心运作模式

与国外相比，我国建立教师发展中心起步较晚，近几年各地方高校才纷纷建立，新建本科高校更是刚设立不久，各方面都处于起步发展阶段，目前国内教师发展中心的建设主要有以下两种模式①：单独成立实体组织和无实体组织。

在单独成立实体组织（如教师发展中心）中，高校有专职人员专门从事教师发展的管理和研究工作，中心是实体组织，从上到下设置教师发展中心主任、副主任、办公室、职员等职位②。专职工作人员相对比较充足，对学校教师教学体系发展进行制度化和规范化管理，定期开展一系列不间断的教师培训、交流、研讨、实践等活动。目前，双一流大学都单独成立了教师发展独立实体组织，制度建设已经初具成效，各项活动已经如期有序开展③。

在无实体组织中，教师发展中心挂靠部门、部处，如人事处、教务处等。此模式主要是高校管理人员缺乏，没有专职人员，为了完成教育部下达的教师发展中心任务而设立的机构。中心所有的活动都由兼职人员开展，部分高校招募教师志愿者对所有的活动进行设计和安排，也有高校不开展任何活动，沦为形式主义，很多工作和活动没有固定的安排和

---

① 陈小华．教学发展中心核心业务的建设和评估［J］．中国大学教学，2019（12）：75—79.

② 陈达云，李永．服务性学术实体应成为高校教师教学发展组织建设的方向［J］．教育研究，2016，37（12）：120—122.

③ 李福华，王瑛，汪碧玉珠．大学教师教学发展组织建设的路径探究［J］．教师教育研究，2018，30（5）：14—19.

制度保障，无法实现教师发展中心的可持续发展。目前，大部分新建本科高校都采用此模式，在教师发展中心建设方面还有很长的路要走。

（一）教师发展中心定位与体系建设

高等教育转型发展中，教师发展中心发挥的作用越来越显著。教师发展中心以高校教师和基础理论教师的业务水平及教学能力的提高为重点，通过构建教师发展中心完善的机制，常年开展各类活动，提升教师的教学能力和水平，培养师德师风良、专业水平高、业务能力强和创新能力高的师资队伍，摸索出一条符合学校特色发展的教师发展之路。

（二）结合学校特色，构建培养教师专业学术发展能力体系

高校的教师发展中心初期职能主要服务于校内教师，致力于培养教师师德师风、教师教学理念和专业技能水平。教师发展中心要注重教师教学理念的设计、教学方法培训，在人员队伍建设、发展规划、开展活动形式等方面进行构建，以及如何构建与学校特色相结合的理念。

高校可围绕培养教师的学术发展能力、教学能力、教师职业发展规划进行体系的构建。教师发展中心可以帮助高校教师融入专业学术团体，加入主流学术组织，组织资深专家对高校教师进行指导，鼓励高校教师加入已成熟的团队；提供资助，为优秀的高校教师提供校内外学术会议、国内外考察学习的机会；组织培训，让高校教师学会利用学术交流平台与国内外同行进行交流。针对高校教师教学能力需要提升，在教学中存在的困惑和缺乏实践经验等问题进行引导，采用传帮带的方式帮助高校教师快速成长，实现校、中心、院（系）三级成长体系；鼓励教师采用多种手段和各类教学平台进行教学改革，如慕课、网络课堂、直播授课、网络答疑等。定期组织教学竞赛、评比，提升教师创新的积极性；形成教师发展中心的运行机制。根据教师培养和发展的任务，构建一个常态化、有序化、制度化的运行机制。出台相关管理规章制度，建立有效的奖惩机制，形成常态化的活动开展模式。

四、高校教师发展中心内涵建设与实践

针对新建高校教师队伍发展不均衡、不充分、多元化发展的特点，教师发展中心的内涵建设至关重要，主要应从六个方面进行建设，其中包括文化建设、活动开展、教学竞赛、教学评价、教师发展、资源与服务。

（一）文化建设

校园文化建设与传承，把校园的文化融入教师发展中心内涵建设，将教师的培养与学校文化相结合，形成具有学校特色的教师发展中心。让教师树立优秀的师德师风，营造良好的教学氛围，从而对学生的人格培养起到了引导性作用，进而达到传承校园文化的目

标。还需要定期出版校园文化杂志，刊登学校教师的摄影、散文、影评、游记、歌曲等。

（二）活动开展

精选有针对性的内容和形式，对教师进行定期培训。围绕师德师风、教学理念、教学技能、教学方法、教学改革、现代教育技术等方面设计培训内容，为教师提供课程学习、学术报告、研讨会、教学沙龙等学习活动。实行导师制，以老带新，加强对高校教师的培养。根据高校教师学习能力强、高科技应用能力强等特点，结合老一辈教师经验丰富的优势，组织新老教师结对，签订导师制协议，开展教学研讨、名师讲堂等活动，发挥老一辈优秀教师的作用，促进教师相互帮助共同成长①。开展教师访谈和“我最喜爱的教师”评选活动，通过校内宣传报道和表彰活动展示优秀教师风采。

（三）教学竞赛

教学竞赛是有效促进高校教师发展的方法之一②。定期举办各类教师教学竞赛有助于提高教师教学水平，体现教学中心地位。如举办校级中高校教师教学竞赛、智慧教学大赛等，通过校级教学竞赛初步遴选优秀选手参加省赛乃至国赛。比赛可以通过“教学设计、课堂教学和教学反思”等环节，以及围绕运用信息化智慧教学手段开展教学。此类竞赛不仅可以深化教学改革，提高教师的教学技能，促进高校教师专业成长，有效引导与支持教师转变教学模式、改进教学方式方法，推进现代信息技术与教育教学深度融合，还可以促进深化智慧课堂的教学改革，开展线上线下混合式教学、翻转课堂等教学模式改革，着力打造“金课”，从而进一步提高人才培养质量。

（四）教学评价

通过建立教师教学个人档案，协同学校相关部门对教师的教学水平、教学技能、教学能力进行综合评价。教师发展中心根据教学档案内容进行分析研究，采用多元化的评价方法，形成研究报告，对教师个体和群体的未来发展提出指导性意见。

（五）教师发展

建立教师成长记录册，对教师进行定位分析，指导教师制定职业发展规划与专业建设。对于高校而言，为适应教学的各项要求，引进高学历、高职称教师是必然选择。如何培养新进教师是学校迅速发展的关键，而指导教师制定职业发展规划和专业建设则成为教师发展的重点。职业生涯规划首先要从教师自身出发理性分析，对自己进行科学定位，明确专业发展目标。其次要进行环境分析，融入新学校专业成长群体。最后要进行规划，制

---

① 鲁娥，吴梦倩，刘丽娟，等．高职院校博士青年教师的发展困境与机遇探讨［J］．文化创新比较研究，2019，3（33）：187－189.

② 陈萍．新教师职业生涯规划与专业发展［J］．江苏教育，2020（62）：12－15.

订近期规划和长期规划，并付诸行动，为自我快速专业发展铺平道路[①]。

开展教学观摩等活动，建立公开课制度。为了促进教师相互学习、取长补短、提高教学效果，促进教师教学水平的提高，可以开展教学观摩、建立教学公开课制度。这是促进教师专业发展的研修平台，也是教师向同行展示课堂教学状态的重要教学活动。通过开设公开课实现公开课与平时课的真实统一，能促进教师严谨、扎实、高效、科学的教风，进一步规范教学行为，还能提高教师的心理素质，促进自己教学水平和教学质量的进一步提高，从而有效促进教师发展。

（六）资源与服务

在互联网时代，网络资源极度丰富，利用网络资源平台，如MOOC、微课、在线开放课程，为教师提供教学指导。建立教师发展中心网站、微信公众号等平台，实时推送优质文章，征集发送优秀教师的心得体会，宣传教师发展中心活动内容，及时发布活动公告等。在线开设名师讲坛、讲座，录制优秀教师的教学视频到网上，选取优秀教师的教学案例、教学课件、教学工具，同时借助其他高校成熟的资源平台，实现资源共享，形成资源联合体，为教师服务。

以上六种形式不一定独立存在，可以相互渗透，共同作用。如：学校开展高校教师智慧教学大赛暨公开课教学展示活动。通过两种形式并举，双管齐下，一方面可以遴选出优秀高校教师重点培养，提高参赛选手的教学技能；另一方面通过教学大赛的公开展示，还可以对全校教师起到积极的引导示范作用。而获奖选手的经验又可以总结作为宝贵资源，通过教师发展中心的平台，分享给更多的教师学习借鉴。

第三节　高校教师发展中心建设面临的问题

一、我国教师发展中心运行过程现状

通过分析了解我国开始建设教师发展中心的职能范围和宗旨，主要是为教师提升教学能力搭建教学科研等平台，为教师个人职业生涯规划提供指导与帮助，整合资源服务教师，促进学校发展。

（一）运行机制现状

教师发展中心的运行机制是教师发展中心在运转过程中，各种影响要素的结构、相互

---

① 阮值华，刘文华．应用型本科高校教师教学发展中心的现实困境与变革［J］．百色学院学报，2018，31（4）：135－140.

关系、作用过程和运行方式。我国教师发展中心的运行机制主要由三部分组成，即基础层、主体层和支持层。基础层是教师发展中心运行的基础，即学校的决策体系和制度体系建设；主体层是教师发展中心运行的组织体系，它以满足教师发展要求为根本，通过机构运行使教师素养和能力得到提升，满足师资队伍德业双馨的发展目标；支持层由评价体系和信息体系组成，它是确保教师发展中心良好运行的专家团队和信息团队的软硬件环节建设。如图 5-1 所示，现阶段我国的教师发展中心为两种组织形态，一种是独立的实体组织机构，有自己的人员编制和组织架构，能够独立开展教师发展活动。另一种是由几个部门兼任的组织机构，按照中心职能要求组合而成，形成教师发展中心，服务学校、服务教师。①

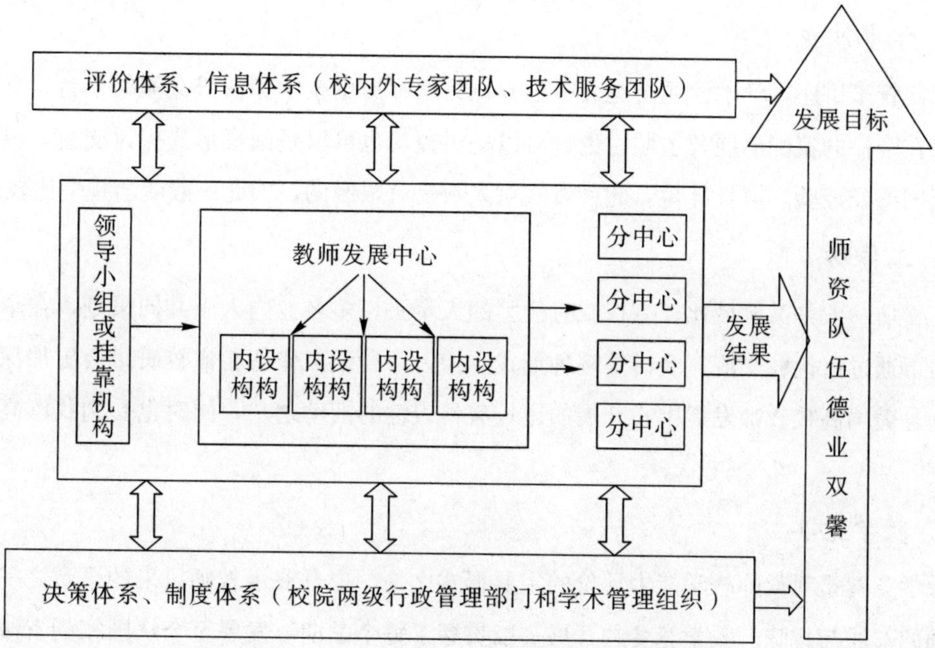

图 5-1　我国教师发展中心基本运行机制图

（二）职能履行情况分析

职能履行情况是作为一个组织是否发挥其应有价值的重要体现。在建设高校教师发展中心之初，宗旨和职能目标的制定很全面和长远，但部分高校教师发展中心职能的履行情况是不均衡的，中心更多侧重的是高校教师的培训和发展。

（三）组织行为情况

任何组织建立的最终目的都是为实践服务，如此才能够体现组织建立并持续发展的价

① 康世宁．中美高校教师发展中心建设的比较研究——以美国密歇根大学学习与教学研究中心为例［J］．现代教育技术，2019，29（11）：7.

值。我国高校教师发展中心组织行为有很多形式，比较典型的教师发展中心开展的活动有四种。

1. 培训讲座

培训讲座是教师发展中职能履行最到位的内容之一。例如，对新教师、高校教师的培训、讲座。有学术型的培训讲座，目的是提升教师理论和教学能力；有思政管理类讲座，目的是贯彻“课程思政”，完善制度落实；有业务管理培训、骨干教师培训等。对新入校的高校教师进行业务能力培训和考核，帮助新教师快速了解学校并尽快进入角色，适应新工作。但有些培训、讲座开展频率过高，实际效果却不尽如人意，或有些讲座强制参与，造成了时间、精力上的浪费。

2. 学术沙龙

相比较于讲座，学术沙龙将更具吸引力，为教师提供教学和科研交流的平台。学术沙龙能够在轻松的氛围下展开主题讨论，可以是讲授，也可以是圆桌形式探讨交流，更多的是交流困惑或经验，取长补短。此种方式对人数是有限制的，因此一般活动频率比较高。

3. 工作坊

工作坊一般是某领域比较有权威有经验的人牵头，多名业内人士共同策划，在牵头人的指引下通过讨论、交流、演讲等多种形式，探讨话题。工作坊相比较研讨会更加深入系统化，是美国高校教师发展中心开展的比较有代表性的活动之一，同时也受到我国高校的欢迎。

4. 教学竞赛

教学竞赛是对教师教学能力评价的主要形式之一，也是展示教师风采的平台之一，备受教师的关注与青睐。教学竞赛的开展一般贯穿于每个学期，发展至今从国家到省级再到校级都会组织教学竞赛，竞赛结果能够一定程度上反馈高校的教学能力和师资力量。

二、高校教师发展中心建设中存在的问题

总体来说，各高校教师发展中心经过多年的建设，教师在专业成长和发展方面取得了一定的进步，但是各高校教师发展中心不同程度地在机构设置、人员配置、条件保障等方面还存在一些问题，主要表现在以下三个方面。

（一）机构职能混乱化，职能发挥不充分

我国高校教师发展中心的机构设置主要分为三类，一是在教务处或人事处设立工作

组，二是成立挂靠教务处或人事处的教师发展中心，三是独立设置[①]。设立工作组存在职能发挥不充分、机构发展不稳定、工作开展无持续性等问题。挂靠教务处带来的问题是中心的人员数量少，尤其缺乏专职研究人员，机构不够健全，在培训的硬件资源方面受限制；挂靠人事处则侧重于教师进修、学历提升，对教师的教学素养提升缺少专门研究和培养，工作更侧重行政化而缺少学术性和系统性、可持续性和发展性。独立设置的教师发展中心则相对服务性更强，能更好地满足教师发展需要，但在职能形式上则略显松散。

（二）培训形式单一化，培训覆盖面不全

教师培训是地方高校教师发展中心工作的一项主要内容，普遍存在培训形式单一的情况，培训方式和培训课程重共性轻个性，没有根据教师个体的需求进行培训，针对性不足。教师培训目前普遍存在传统的“以教师为中心”的方式，大多是传统的培训方式和培训手段，对于不同阶段、不同岗位、不同需求的人员没有个性化的专门培训。

目前教师培训的覆盖面不全，以面向专职教师为主，尤其以面向青年专职教师为主，但实际上高校教师发展中心面向的教师群体应为广义的教师，是从事教育事业的所有工作人员，包括行政管理人员、教学辅助人员以及学校其他系列的人员，都应接受符合岗位需求的提升人员素质的培训，应是全员的培训。而目前的培训多以对专职教师的集中培训为主，在培养培训创新方面和分类实施方面存在缺失，并且多是针对教学技能和课程建设、专业建设、教学研究改革和课题申报等方面的，而很少涉及管理人员的能力提升和教辅人员的职业发展。教师发展是全员的发展，相互牵制影响，因此，只有全面的提升才是真正的提升。

（三）对教师职业发展规划和顶层设计不可持续

高校新入职教师群体中非师范类教师占据较大比例，他们迫切需要教育学、心理学和教育技术类课程的专业化提升。高校教师入职伊始的教学状况所形成的印象和习惯往往对今后的职业生涯有较大影响，会影响他们的岗位归属感、责任感、幸福感。高校教师一般学历高、专业学识丰厚，但是面临的科研任务也比较重，存在重科研轻教学的情况，他们在职业成长的关键期如果没有做好职业生涯规划，没有培育好教学方面的素养，那么对今后的发展方向将会产生很大的影响；加之新教师存在工作压力大、经济压力大和生活压力大的多元因素影响，为了解决这些问题，学校在职称聘任和培训培养等方面的政策和机制需要有长远的、可持续的、发展的顶层设计，这是保障教师发展的重要基础。

（四）功能定位不明确，行政化程度太高

作为一个专门提高教师教学能力和促进学术能力专业发展的组织机构，教师发展中心

---

① 钟昆明．新建本科院校设置教师发展中心的策略［J］．重庆高教研究，2013（4）：58－62.

在高校里面是行政能力与学术性质并存的机构。因为它既要拥有行政权力和行政资源，能够承担起组织和协调各专业院系教师发展的职责，又要掌握一定的学术资源和专业权利，为教师学术和专业咨询提供指导与服务。但由于我国社会传统、经济发展和政治体制等因素的限制，高校教师发展中心运行深陷于高度行政化管理的窠臼。所以，尽管在我国高校教师发展中心分别有独立建制和附属建制两种模式，部分高校教师发展中心是作为学校直属单位独立运行的，但大部分发展中心是挂靠在教务处或人事处的非独立机构。

高校教师发展中心行政化在地方高校尤为明显。即使教师发展中心拥有了学校核心部门提供的支持，也会因为其为附属机构，部门界限易混淆，不可避免地出现部门之间工作交叉的现象，这就大大降低了中心的工作效率和质量。地方高校教师发展中心所形成的教育培训体系和教育行政体制相配套，它是带有一定的行政色彩的一种相对稳固的自上而下的模式。由此导致多数教师发展中心的工作依然是行政化的，对教师自身发展、教育教学和课程建设等方面缺少深入的研究。导致中心工作会被异化成行政事务，容易使得地方高校教师发展中心教学发展的学术本性被掩盖，阻碍中心的专业化发展。

（五）机构设置不完善，专业管理人员缺失

教师发展中心对专业性的要求很严格，专业性是高校教师发展中心快速发展的重要条件。但从实际运营来看，多数高校教师发展中心的设置呈现行政水平高但学术能力低的特点。教师发展中心的工作大部分是开展新教师培训活动和举行教学竞赛，不利于提高教师教学的研究能力、教师发展、教师教学和课程建设等方面的研究。从人员配置来看，教师发展中心以行政人员为主，缺乏专业的管理人员。由此可见，由于中心人手的不足，使得教师发展中心在活动规划、职能延伸等方面无法更深入地展开，将直接影响着活动的效率和质量。这不仅导致高校教师发展中心不能从专业的角度思考大学教师的发展方向，也没有能力从学术的方面进行考量。教师专业发展的支持制度，使高校教师发展中心发挥的作用受到了限制，不能极大地发挥学术影响力。

（六）需求服务不匹配，活动效果不明显

虽然很多地方高校的教师发展中心举行了教师培训工作的活动，但是一些教师发展中心举行的培训频率并不高，伴随着教师对此项工作的积极度不高的态度，这些培训及活动的开展并没有达到教师发展中心搭建交流平台的目的。

第一，开展教师发展中心的工作存在一定的难度，目前教师发展中心并没有去考虑到教师需要什么，当教师在教学中遇到问题询问发展中心的咨询服务无果后，结果就是会降低教师的积极性，这就需要根据教师们的需求制订相关合理的解决方案。

第二，我国高校教师发展中心开展项目的对象主要是刚入职的新进教师或是入职几年但缺乏教学经验的教师。对新教师来说，提高教学能力和丰富教学经验是必要的；对教龄

长的教师来说，教学方式和教学内容的创新也是必需的。地方高校考虑的受众群体有限制致使服务的效果较差。

第三，很多高校教师发展中心的培训形式单一，以专家讲授形式为主，项目的目的没有达到，也没有很好地满足大学教师的需要。由此导致大多高校教师参加培训的结果就是没有效果，教师的自身专业能力、专业素质的教育理念也没有明显的提升。

第四节　高校教师发展中心建设建议

一、优化机构设置，营造文化氛围

在高校教师发展中心建设中，应当增强教师发展中心的服务属性，找准教师发展中心在学校工作中的作用及定位，制定清晰的工作职责，搭建工作框架，配备相应的管理人员，科学合理地确定人员规模，明确分工，体现管理职能、学术职能、服务职能，促进教师提升教学能力，开展科研创新，努力服务社会。

依据教师发展中心的工作职责，以及当下智慧教育教学需要，在教学培训的硬件方面，专门的物理空间和网络空间将是教师中心发展的必备保障，应当满足多元化培训和活动开展，既要雪中送炭，又要锦上添花，使教师发展中心成为教师之家，成为教师自发聚集的交流场所，让教师在交流中打破学科壁垒，碰撞思维火花，让教师发展中心为复合型成果的酝酿和产生提供条件。

教师发展中心秉承着传播先进的教育理念、锻造卓越的四有教师、培育强国兴邦的时代新人的初心和使命，系统地服务于教师的成长发展，包含组织教师培训活动、开展师德师风教育、加强教学能力提升指导、推动教学改革创新、开展教学咨询、成立名师工作室、建设教师发展项目库和专家库、开展校本培训、构建校院二级教师发展中心等，为教师专业化发展创造条件、搭建平台。

结合信息化手段对教师发展中心的建设进行管理，一是充分利用教师发展中心的网站发布活动公告和进行活动报名，开辟交流区域为参加活动的教师提供探讨分享的网络空间；二是通过在线综合教育平台，实现网上查阅教师的课程信息、教学视频、在线测试、调查问卷、布置和批改作业、答疑讨论等；三是学校组织教学竞赛，将教师的课件、教学设计和课堂教学实录视频等传至网络教学平台，组织专家网上评审，规范工作的流程和内容。

二、构建多元化培训方式，扩大培训的覆盖面

（一）构建“四纵五横”教师培训体系

教师发展体系应是常态化、制度化和有序化的，教师需要终身学习，教学新手、教学熟手、卓越教师、教学名师，或教学管理人员、教辅人员，都需要终身学习，都有各方面的提升需求，因此要针对不同的群体、不同的培训要求，制定个性化培训内容和设计多元的培训形式。

“四纵”即从教师的成长角度分为四个阶段：入职第一年的高校教师、从教三年的高校教师、从教五年的高校教师、持续成长的教学名师，实现“教学新手—教学熟手—卓越教师—教学名师”的成长蜕变。“五横”即在不同阶段制订不同的培训方案，围绕五个方面开展，同时又不完全按年龄单独开展，而是根据不同的成长期融合开展，分别是教师的师德师风和思政素养、教学技能、教育信息化能力、专业化能力、教学创新能力。关于师德师风和教育教学理念的培训是贯穿整个教师发展成长期的，要把育人和育才统一在人才培养的全过程中，尤其要强调育人。

（二）制定“三段一线”新入职教师教学能力提升计划

实现教师教学能力的提升，提升教师的综合教育教学素养可以分三个阶段进行实施。这三个阶段又按照培训对象分为“小三段”和“大三段”。

新入职教师比较欠缺基本的教学技能，大多数是用传统教学方式去教学生，还停留在“老三中心”，是在“教室”里给学生“讲”“教材”上的知识。教师培训应坚持“以学生为中心”① 的理念，新入职教师第一年不承担教学任务，对其实施“小三段”培训。第一阶段对新入职教师进行一周的教育教学专题和教学基本素养集中培训，使新入职教师对现代教育教学理念形成整体的、初步的认识与理解；第二阶段对新入职教师进行一个月的集中和分散结合的专项培训，如脱稿板书专项能力训练、三字一话的培训、课堂教学基本流程的熟悉等；同时辅以观摩省级教学名师和校级教学名师的课堂教学，使其将优秀教师的课堂教学样本植入脑海，形成正向影响激励引导。第三阶段实施高校教师导师制和助教制，对新入职教师进行一年的全面培训，采用“一对一”的方式为每位新入职教师配备一名指导教师，通过“传、帮、带”使新入职教师熟悉备课、教研、教学设计、实验、答疑、作业批改、现代教育技术使用等整个教学环节，明确一名教师应该具备的基本能力。高校教师经考核合格获得“教学上岗资格证”后方可承担教学任务。不合格的教师将继续跟随导师助课半年，直至取得上岗资格证才能承担课堂教学任务。

---

① 李嘉曾．“以学生为中心”教育理念的理论意义与实践启示［J］．中国大学教学，2008（4）：54－56.

在“大三段”阶段，第一阶段主要面对新入职教师，通过实施高校教师导师制和助教制，使其具备基本的教学能力，熟悉教学基本流程，掌握教学规范要求，站稳讲台。第二阶段主要面对入职三年的高校教师，通过高校教师教学竞赛、教学沙龙、专题报告会、午餐会和教学沙龙下午茶等活动搭建交流平台，促进教师交流提升。其中，教学竞赛能有效提高高校教师对课堂的关注度，促进高校教师进行教学改革和教学研究，是提高高校教学质量的有效途径。尽管教学竞赛和课堂实际讲课有区别，但是比赛过程中展现的教学技术、教学方法、教学手段和教学理念以及授课艺术都跟平时的教学积累分不开，更是课堂教学形式的升华。在此过程中教学新手成长为教学熟手、骨干教师，能站好讲台。第三阶段主要面对入职五年的高校教师，这个阶段的教师已经积累了一定的教学经验，专业成长也进入了“高原期”。在结合一流专业和一流课程建设的同时，通过教学创新竞赛促使其凝练教学成果，提高教学的“两性一度”，即高阶性、创新性和挑战度①。通过“走出去”的方式，鼓励高校教师到国内外相关学科领域的知名高校进修助课或到与学科相关的著名企事业单位进行实践锻炼，教学和科研相结合，促进高校教师培养实践创新能力，也促进培养的人才更符合社会需求。通过“请进来”的方式举办名师示范课，把优秀的学术资源请进来共享，把优秀的专家请进来指导，把优秀的经验引进来学习。通过基层教学组织实施集体备课、集中教研、互相说课、教学设计推介等，加强教师驾驭课堂的能力、教学改革与教学创新的能力、课程思政融入课程的能力、教育信息化的能力、一流课程和一流专业建设的能力等，帮助教师突破职业发展的瓶颈、专注教育教学研究，成长为卓越教师、优秀教师、教学名师。

（三）引领高校教师做好科学的职业生涯规划

凡事预则立，不预则废，教师是育人的职业，做好职业生涯规划，既是对自己职业的负责，也是对学生的负责，是对学校和国家的负责。教师发展中心采用科学的方式引领广大教师做好职业生涯规划，挖掘自身潜能，养成终身学习的习惯，做好专业发展，克服职业高原现象，获得职业幸福感。高校建立教师发展项目库，对积极投身教学改革和教学研究的教师予以资助，分类建立项目库，并形成校本培训专家库，定期按专题面向不同的高校教师群体开展专家报告，举办教学工作坊，建立名师工作室，邀请省级教学名师定期开展教学咨询和教学沙龙，使教师发展中心成为教师有疑问、有困难、有新的想法就首先想要去交流的地方，构造服务型的部门，搭建“教师温馨之家”。

在进行教师发展中心建设的顶层设计时，结合教师发展中心与高校各部门的相互关系及其在职能中所起的作用，系统、科学、发展地做好顶层设计，明确目标和实施措施，做

---

①　吴岩．建设中国“金课”[J]．中国大学教学，2018（12）：4－9.

好人才培养的保障工作。设计的实现并不是全面设计的一次性落实，而是边研究、边实践、边完善，同时不断优化体制机制的建设，针对不同年龄、不同学科专业的教师，进行系统、全面、分层次的培养，建立由学校、学院和教研室（系）组成的培训共同体，加强培养的连贯性、持续性和完整性。对共性的部分由教师发展中心统一组织，如新教师岗前培训、教师教学发展项目立项和项目库专家库的建立、高校教师教学竞赛等；而面对不同学科专业的专门培训，则由学院或者教研室（系）组织实施，比如名师名课示范、教学主题沙龙、教学咨询等，让同一学科的教师在专业领域深入交流、取长补短。

在制度建设和保障方面，通过高校教师导师制和助教制、教学督导和校院两级领导听课制度、教师成长档案制度、教学竞赛管理办法、基层教学组织建设评价办法，以及教学质量奖—教学优秀奖—教学名师三级奖励激励机制等制度建设，帮助教师实现从入职到成长再到卓越的发展，调动广大教师投入教学的积极性和主动性。

三、多方面扩展高校教师发展中心功能，促进教师能力发展

为使高校教师发展中心有效发挥促进教师专业发展的作用，国家和教育主管部门、高校、教师发展中心、教师自身应联合发力，形成促进教师教学能力发展的有效途径。

（一）国家和教育主管部门层面

由于成立高校教师发展中心是自下而上的教师专业发展需求和自上而下的行政政策联合驱动行为，所以国家和教育主管部门在中心成立、建设和运行过程中起着至关重要的作用，因而教育主管部门应完善相关制度，保障政策支持；成立各级中心指导委员会，提高专业水平；成立高校教师发展中心联盟，促进交流合作，从而服务我国高校教师教育大局。

1. 完善相关制度，保障政策支持

国家和教育主管部门是高等教育得以发展和改革的催化剂，高校教师发展中心作为高等教育改革的重要方向，必须做好教师发展中心和教师专业发展的顶层设计。

目前，我国高校教师发展中心的成立是根据国家相关政策的要求而建立的。虽然这些政策对高校教师发展中心的成立和建设提供一定的指导和帮助，但近些年国家和教育主管部门未对进一步规范建设中心的建设提出相应的政策和规定，导致高校在开展相关工作时缺乏规范，使高校教师发展中心从“教师专业发展”走向“教师培训”，即传统的师资培训模式。这就要求国家和教育主管部门对各级各类高校教师发展中心的建设作出明确的规划和指导。

一方面，教育部应出台官方政策指导不同类型高校教师发展中心的建设，各省（直辖市）教育主管部门应结合本地区不同高校的实际情况作出具体规范的指导，在此基础上不

同高校在建设中心时才能有章可循、有据可依。

另一方面，任何工作的开展都离不开一定的经费支持。教育部每年都需要给高校教师发展中心一定的经费支持，因此在后续发展过程中，国家和各级教育主管部门要扩大财政支持范围，在一定程度上根据一定标准资助各级各类高校教师发展中心，从而建立稳定畅通的拨款制度，形成各高校教师发展中心百花齐放、百家争鸣的格局。

2. 成立各级中心指导委员会，提高专业水平

目前高校教师发展中心急需提升中心工作人员的专业水平，这既需要中心工作人员自身的努力，也需要外界的帮助。

根据我国国情和教育发展实际情况，教育部可组织成立国家级高校教师发展中心指导委员会，指导全国各级各类高校教师发展中心；各省市可以组织各高校各学科名师和专家成立省市级高校教师发展中心指导委员会，指导本地区各级各类高校教师发展中心。国家级和省（市）级教师发展中心指导委员会应对各高校教师发展中心起督导作用，从而保证中心高效运行，还应为高校教师发展中心提供交流与合作的平台，在相互合作与学习中，促进不同高校教师发展中心得以提高。

另外，中心指导委员会可以邀请国内外著名高校教师发展中心专家和管理者，担任我国各级高校教师发展中心指导委员会的客座专家，不仅可以针对我国高校教师发展中心的现有发展提供专家建议，而且能够为各高校教师发展中心传授相关经验，从而帮助各高校教师发展中心建立有校本特色的运行机制。

3. 成立高校教师发展中心联盟，促进交流合作

合作交流是促进自身发展的重要战略性策略。目前我国部分高校已经参与并形成了区域性、学科性等特色的高校教师发展中心联盟，并且各具特色。

高校教师发展中心联盟是各高校交流合作、资源共享、共同发展的平台。不仅能够推进各高校各种宝贵教育资源的共享，进一步提高高等教育水平和人才培养质量，而且能为本校教师专业发展和教师队伍建设提供有力支持，全面推进教师教育创新。

国家和教育主管部门层面应鼓励更多的高校参与其中，根据本校特点寻求并创造更能促进自身发展的高校教师发展中心联盟，从而形成积极服务本校的教师教育大局。

（二）高校层面

高校教师发展中心统一于各高校的自我管理体系中，各高校应该对各自的教师发展中心负责。具体而言，高校应该进行科学规划，明确中心的定位和职责；优化人事制度，合理配置工作人员；保障经费支持，确保中心高效运行。

1. 科学规划，明确中心定位和职责

高校教师专业发展是当代高等教育发展的必然要求，各高校要将教师发展纳入学校发

展总体规划，高校教师发展中心理应根据本校特点成为教师专业发展的专门机构。

因此，学校应厘清教师发展中心与传统各类行政机构、教学服务机构、教育研究机构之间的关系，处理好不同部门的职责。另外，高校教师发展中心无论是学校直属还是挂靠学校其他单位，无论是采取平级式还是矩阵式发展模式，其性质定位、人员配置和主要职责等一系列问题必须与高校自身的特点和发展目标向匹配。

科学规划，明确中心定位和职责，是确保高校教师发展中心促进教师专业发展的重要保障。

2. 优化人事制度，合理配置工作人员

高校教师专业发展的工作及教育行政部门和各自学校的规划需要专业的工作人员。除上文中所提到的国家和教育主管部门应主导成立各级高校教师发展中心指导委员会，各高校教师发展中心还应该配齐配好中心的专兼职工作人员，制定科学的岗位标准，并按照标准严格录用，唯有此才能发挥工作人员的专业能力，提升教师发展中心活动的专业水平。

目前多数国内高校教师发展中心的大多数工作人员为本校其他部门的行政人员转岗，没有相关的学科和工作背景，因此在开展教师专业发展工作时心有余力不足。高校教师发展中心专职工作人员应具有高等教育管理、教育学、教师教育、心理学等学科背景，应为具备扎实的理论研究基础和丰富的实践管理经验的复合型人才，才可为高校教师专业发展提供科学指导与服务保障。

因此，高校除制定科学的岗位标准外，还应完善中心工作人员的晋升制度和薪资体系，提高工作人员的“投资回报率”，才能激发工作人员更好地完成相关工作。

3. 经费支持，确保中心高效运行

高校是教师发展中心的直接责任主体，应满足教师发展中心的合理经费需求，充分支持教师发展中心的高效运行。

国内高校重科研轻教学，高校教师教学和科研的投入产出比相差较大是不争的事实，虽然国家一再倡导“破五唯”，但实际上教师投入科研的时间和精力远大于教学。根据马尔科姆·诺尔斯的成人学习理论，提升生活质量是成人发展的内在激励因素，所以高校可以根据自身情况设置教师专业发展基金，由教师发展中心负责，对教师专业发展，尤其是教学发展进行科学合理的设计，并有效实施，提高教师发展中心的学术性和权威性，吸引专业人员愿意从事教师发展工作，逐步激发不同群体教师发展的内在动力。

（三）教师发展中心层面

高校教师发展中心直接负责本校教师的专业发展，因此在建设和运行过程中，应该积极开展研究，促进教师内涵式发展；组织校院两级联动，满足教师共性和个性需求；提供线上线下教师合作和资源共享平台，逐步形成教师专业发展共同体；科学评价教师，注重评价的有效性和持续性，促进教师的终身发展；借鉴国内外一流高校教师发展中心项目开展经验，形成校本化教师专业发展模式。

1. 开展研究，促进内涵式发展

教师专业发展不仅指教学与科研，还包括专业知识、专业情意、专业态度在内的教学理念、教学技能、职业身份认同、职业怠倦等诸多方面，因此教师专业发展是内涵化全面性动态发展的，而不是形式化单一性机械发展的。

高校教师发展中心宏观上需要研究政策制度，为中心发展指明方向、微观上需要研究教师专业发展的不同方面，如果教师发展研究不能落实到微观的教师和教学，易与其他研究领域重叠。国家所提倡的高等教育内涵式发展要求我们的研究要深入，教师发展中心要用“小题大做”的方式研究教师专业发展。

高校教师发展中心应根据自身现有条件，聘请校内外知名专家，建立专家库或智库，开展教师专业发展的院校研究，力争在教师现有专业发展的基础上，逐步开展精准的有针对性的教师发展活动，在促进教师专业发展的基础上缩短教师专业发展阶段周期，使中心真正成为协同教师专业发展的促进者。

2. 校院联动，满足教师共性和个性需求

在校级层面开展教师专业发展活动易达成共性，但由于高校多学科的特点，教师发展中心工作难以顾及每一位教师的个性。潘懋元先生指出，虽然现在我国很多高校都有教师发展中心，但这些中心大多开展集体性活动，使教师脱离自己的学院，而教师的教育教学要在二级学院这一组织中进行实施，所以学习的内容对教师本身而言是无法深化的①。

由于各种限制，高校教师发展中心不可能承担全校教师发展的所有工作，应成为院系教师专业发展工作的支持性机构。教师发展的具体工作应由教师发展中心指导，院系组织管理并直接服务于院系，所以高校教师发展中心应发挥其引领作用，与二级学院结合起来，在进行新教师培训时，通过师徒制的“传、帮、带”加快新教师的专业成长过程，形成校院联动机制。二级学院根据学院自身发展需求，按照教师的基本状况，开展不同教师群体的培训，在培训过程中教师发展中心给予专业性的指导。还应建立双向反馈机制，充分了解教师的专业发展状况，确保教师的共性发展需求与个性需求得到满足。

3. 提供平台，促进形成教师专业发展共同体

教师发展中心作为教师交流合作的平台，应该发挥其整合协调作用，组织各种有利于教师专业发展的活动，吸引不同发展阶段、不同学科背景、不同研究领域的教师参与中心

---

① 潘懋元．对高等教育若干问题的思考——潘懋元先生访谈［J］．西北工业大学学报（社会科学版），2018（02）：26—30.

活动，促进教师间的共享和合作，助力教师的专业发展。

同一院系的教师由于拥有相近的研究领域和教学内容，易于相互交流学习，但因高校教师的工作方式（不坐班），相互接触较少，如果没有恰当的激励和组织方式，教师之间不会主动交流，更谈不上共同探讨专业发展。

成人带着丰富的经验参与到学习活动中，重视个人已有经验，学习的本质是对话，在学习中学习者的经历也是一种学习资源，因此情境学习理论不仅适用于学生，也适用于高校教师。教师发展中心可根据学校具体情况，以教师午餐会、专业研讨会、主题沙龙、主题工作坊、教师圆桌等方式，邀请学院领导、教学名师、老教授与教师参加，不同类型、不同年龄的教师们在各种活动中将自己的经历与经验相互交流，在相互学习中激发教师的参与热情，教师们在民主和谐的氛围中融合、创造、共生教育思考，形成教师专业发展共同体，促进教师整体素质的提高和发展。

另外，互联网的高速发展影响了整个教育环境，为教师们的学习和发展提供新的资源。

高校教师发展中心应该借助“互联网＋”的契机建设中心网站，建设并丰富资源平台，为教师提供服务和保障，避免出现“信息孤岛”现象，促进形成线上线下结合的教师专业发展共同体，在时代变革中抓住促进教师专业发展的机会。

4. 科学评价，促进教师的终身发展

首先，完善教师评价体系。目前国内大部分高校的教师评价倾向于科研导向，致使教师的科研考核评价压力过大，教学处在次要地位，也是国家要建立教学发展中心的原因之一。

若要发挥教师评价的促进功能，高校应“破五唯”，引导教师回归育人和科研的初心，教师发展中心应在学校总体部署下，设计科学的教师专业发展评价体系，将教师自评、同行评价和学生评价等相结合，并要注意评价指标的维度，而且要将终结性评价转化为过程性评价，才能更好地促进教师的终身发展。

再者，注重评价的持续性。在大数据时代，高校教师发展中心可以帮助高校教师根据现有水平和自身特点制定职业生涯发展规划，并有目的地组织教师发展共同体，做好高校教师成长跟踪研究，借助数据平台设计教师专业发展档案袋，促进高校教师从新手阶段向胜任阶段和成熟阶段发展，最终成为专家型教师。

高校教师发展中心要将高校教师评价的有效性和持续性结合起来，真正做到以科学评价促进教师的发展。

5. 借鉴经验，形成校本化教师专业发展模式

牛津大学教师发展中心建立了国家、社会和学校三个层面的教师发展评估体系和配套

的教学奖励制度和体系，共同促进教师专业发展。

厦门大学教师发展中心担任第三方角色，协助学校教务部门和学院开展教师专业发展工作，收集学校、学院、学生的建议和教师本人的评价，对教师专业发展进行过程性评价，从职业生涯发展的出发点促进教师专业发展。上海交通大学教学发展中心开展了三种针对不同教师群体的培训，即高校教师、骨干教师和研究生助教。这些都是教师发展中心的有益探索和尝试，也获得一定的成果，为其他高校建设教师发展中心提供借鉴。

他山之石，可以攻玉。高校教师发展中心在具体运行时，既要借鉴国内外一流高校教师发展中心的建设经验，更应立足国情和校情，探索建立贴合本校实际，有特色的校本化教师专业发展模式。

参考文献

[1] 蔡明山，谌晓芹．以个性化培训提升新升本科高校教师教学能力［J］．高教学刊，2022，8（34）：142－146.

[2] 曹玉山．教育部全国高校教师网络培训中心发展战略研究［D］．呼和浩特：内蒙古财经大学，2015.

[3] 程丽丽，于萍．地方高校教师课程思政课堂教学能力提升研究［J］．产业与科技论坛，2022，21（23）：267－268.

[4] 董尊秀，赵文君．信息化环境下高校教师教学能力提升路径研究［J］．金融理论与教学，2021，（06）：100－102.

[5] 范施懿．高校教师发展中心组织下的在线教师学习共同体研究［J］．中国多媒体与网络教学学报（上旬刊），2021，（01）：135－137.

[6] 韩磊．“一流本科”背景下高校教师教学能力提升路径研究［D］．武汉：华中农业大学，2019.

[7] 黄佩．高校教师发展中心的功能研究［D］．西安：西安建筑科技大学，2017.

[8] 贺志雄．移动学习背景下高校教师教学能力提升研究——评《高校教师教育教学技能》［J］．中国高校科技，2022，（Z1）：142.

[9] 姜嫄．高校“课程思政”建设的探索与实践研究［D］．杭州：杭州电子科技大学，2022.

[10] 姜淼芳．应用型高校教师教学能力发展的困境及其实践逻辑［J］．应用型高等教育研究，2022，7（02）：57－63.

[11] 李娜．高校体育专业理论课程教师教学能力提升机制研究［J］．陕西教育（高教），2022，（03）：58－59.

[12] 刘广明，罗明丽．高校教师课程思政能力提升的共同体模式研究［J］．河南工业大学学报（社会科学版），2022，38（06）：90－97.

[13] 孟令威，沈洪艳，张国福，等．新发展阶段应用型本科高校教师教学能力提升研究——以吉林省23所应用型大学为例［J］．时代汽车，2022，（09）：109－110.

[14] 牟雨婷．新建本科高校教师发展中心内涵建设研究［J］．科技资讯，2021，19

(18)：126—128+132.
[15] 秦迎涛．“现代教育技术”课程思政教学研究［D］．聊城：聊城大学，2022.
[16] 任祺．基于学习型组织的高校教师发展中心建设研究［J］．山东高等教育，2020，8（03）：66—72.
[17] 唐一丹．信息技术下智慧课堂教学设计策略研究［D］．重庆：西南大学，2022.
[18] 田杰，张建奇．我国高校教师发展中心的现实困境——基于期望理论分析［J］．广东轻工职业技术学院学报，2020，19（03）：48—54.
[19] 吴小芹．高校思想政治理论课青年教师教学能力提升研究［D］．重庆：西南政法大学，2021.
[20] 吴玉剑．中美高校青年教师发展比较研究［D］．南京：南京师范大学，2014.
[21] 熊欣．高校思想政治理论课“智慧教学”研究［D］．桂林：广西师范大学，2021.
[22] 谢彦红．高校教师教学能力研究进展与前沿动态——基于 CSSCI 期刊文献的可视化分析［J］．鹿城学刊，2022，34（02）：73—78.
[23] 杨敏，徐慧玲．大数据时代地方本科高校教师教学能力提升机制的构建［J］．湖北理工学院学报，2022，38（04）：59—63.
[24] 杨世玉，刘丽艳，李硕．高校教师教学能力评价指标体系建构——基于德尔菲法的调查分析［J］．高教探索，2021，（12）：66—73.
[25] 张硕，于殿祥，宋晶．信息时代高校教师教学能力体系构建研究［J］．科教导刊，2022，（20）：65—67.
[26] 郑锦娟．基于校本培训的应用型高校教师教学能力提升研究［J］．潍坊学院学报，2022，22（04）：99—102.
[27] 张慧愿，张文林．应用型本科高校教师教学能力提升策略研究［J］．科技风，2022，（18）：37—39.
[28] 张巾帼．美国高校教师发展中心的功能研究［J］．天津中德应用技术大学学报，2021，（03）：55—60.
[29] 张丽．高职院校智慧课堂教学现状与对策研究［D］．长沙：湖南农业大学，2021.
[30] 翟童．我国“985”高校建设教师教学发展中心的实践探究［D］．兰州：兰州大学，2015.